補訂版
利益相反行為の登記実務

青山 修 著

新日本法規

補訂版発行にあたって

　本書は、利益相反行為をめぐる法律と登記実務をテーマにした書籍として平成23年に発刊されました。

　登記申請の内容に利益相反と判断される行為が含まれるか否かという疑問について、実務に資する先例・判例と権利に関する不動産登記の申請方法や書式例、添付情報を関連づけて解説していることが本書の特徴です。

　本書はしばらくの間、絶版となっていましたが、ありがたいことに復刊を希望する読者の声に後押しされて、この度、新たに補訂版として発行することとなりました。

　今回の補訂版では、発刊から6年の歳月が経過していることを踏まえ、発行後に公布された医療法や社会福祉法などの法令改正に伴って「第9章　各種法人における利益相反行為」の見直しを行い、最新の内容となるよう解説を見直しました。

　また、その他の項目についても、現在の登記実務でご利用いただけるよう解説の補筆を随所に行っています。

　本書が旧版以上にご愛読いただき、登記実務に従事される方々の疑問の解決に活用していただければ幸いです。

　平成29年5月

　　　　　　　　　　　　　　　　　　　　　　　　　青山　修

はじめに

　権利に関する不動産登記の申請をするに際し、登記の申請人について利益相反行為になるのではないか、という疑問が生じる場合があります。利益相反行為になるか否かについての先例や判例をまとめた書籍、あるいは質疑応答的な資料的なものは少数存在しますが、利益相反行為についての先例・判例と権利に関する不動産登記の申請方法および添付情報、書式例等を関連づけて解説した書籍は、今まで存在しておりませんでした。

　本書は、民法で規制する未成年者・被後見人等の制限行為能力者についての利益相反行為、会社法で規制する利益相反取引、医療法人・宗教法人等の主な法人についての利益相反行為を広く取り扱っています。商業登記についての利益相反行為の先例も掲載しています。

　また、本文の解説で示された先例や判例は、できうる限り当該解説本文に近い位置に掲載して読者の検索の便に供するようにしています。

　近年においては不動産登記法の全面改正、会社法の施行、法人に関する民法等法律の一部改正がありました。これらの新法が施行されてまだ間もないこともあり、本書で引用した先例や判例は、これら新法の施行前のものが多く掲載されておりますが、この先例等については基本的に新法施行後も大きく解釈が変わることはありません。また、引用した先例・判例で示される旧法の条文については、できるだけ現行法令の条文を注記しています。また、法令の施行または改正に伴う利益相反行為についての先例も最新のものを掲載しています。

本書によって、登記実務に携わられる方々に少しでもお役に立てればと願っています。また、改訂の機会があれば、利益相反行為に係る新しい先例・判例を追加していくことを考えています。

　平成23年3月

青山　修

略　語　表

〈法令・先例・判例等の略称〉

本書で使用した主な法令・先例・判例等の略称については次のとおりです。

① 本文中は正式名称を用い、根拠となる法令については略語で表記しました。

　　　　　不動産登記法第23条第4項第1号　＝　（不登23④一）

また、略語は次のとおりです（五十音順）。

略語	正式名称	略語	正式名称
一般法人	一般社団法人及び一般財団法人に関する法律	宗教	宗教法人法
		商登規	商業登記規則
医療	医療法	整備	会社法の施行に伴う関係法律の整備等に関する法律
医療令	医療法施行令		
医療規	医療法施行規則		
会社	会社法	中小組合	中小企業等協同組合法
会社規	会社法施行規則	任意後見	任意後見契約に関する法律
家事手続	家事事件手続法		
組合登令	組合等登記令	農協	農業協同組合法
公益法人	公益社団法人及び公益財団法人の認定等に関する法律	非営利	特定非営利活動促進法
		不登	不動産登記法
		不登令	不動産登記令
後見登記	後見登記等に関する法律	不登規	不動産登記規則
戸規	戸籍法施行規則	法登規	各種法人等登記規則
私学	私立学校法	民	民法
社福	社会福祉法	労金	労働金庫法
社福令	社会福祉法施行令	労組	労働組合法
社福規	社会福祉法施行規則	労組令	労働組合法施行令

② 判例は次のように略記しました。

最高裁昭和44年2月13日判決、最高裁判所民事判例集23巻2号291頁

＝最判昭44・2・13民集23・2・291

本書で使用した判例出典および雑誌の略称は次のとおりです。

民集	最高裁判所民事判例集 （大審院民事判例集）
集民	最高裁判所裁判集(民事)
高民集	高等裁判所民事判例集
下民集	下級裁判所民事裁判例集
新聞	法律新聞
民月	民事月報
登研	登記研究
金商	金融・商事判例

参考文献一覧（五十音順）
（本書中で使用した文献の略称順に表記しています。）

集民＝最高裁判所裁判集（民事）
裁判所ウェブサイト　http://www2.chuo-u.ac.jp/library/db_saibansyoweb.htm

【あ行】

新しい成年後見制度
　　　小林昭彦他編『新版　一問一答新しい成年後見制度』（商事法務）

有地・家族法概論
　　　有地亨『新版　家族法概論〔補訂版〕』（法律文化社）

幾代・不動産登記法
　　　幾代通・徳本伸一『補訂　不動産登記法〔第四版〕』（有斐閣）

内田・親族相続
　　　内田貴『民法Ⅳ［補訂版］親族・相続』（東京大学出版会）

江頭・株式会社法
　　　江頭憲治郎『株式会社法　第6版』（有斐閣）

NPO法コンメンタール
　　　堀田力＝雨宮孝子編『NPO法コンメンタール　特定非営利活動促進法の逐条解説』（日本評論社）

大隅＝今井・会社法論上・中
　　　大隅健一郎・今井宏『会社法論上巻・中巻〔第3版〕』（有斐閣）

親子会社の法律と実務
　　　田代有嗣『親子会社の法律と実務』（商事法務研究会）

【か行】

会社法コンメンタール8
　　　落合誠一編『会社法コンメンタール8』（商事法務）

会社法重要判例解説

　　酒巻俊雄・尾崎安央編著『会社法重要判例解説〔第3版補正版〕』（成文堂）

改正不動産登記法と登記実務

　　登記研究編集室編『平成16年改正不動産登記法と登記実務（解説編）』（テイハン）

解説中小企業協同組合法

　　村山光信『解説　中小企業協同組合法』（日本評論社）

家事事件の実務

　　岡本和雄『新版　家事事件の実務≪成年後見≫』（日本加除出版）

家事事件の申立書式と手続

　　長山義彦他『家事事件の申立書式と手続〔第11版〕』（新日本法規出版）

株式会社先例法

　　中村均『増補　株式会社先例法』（大成出版社）

議事録のチェックポイント

　　大多和淳史「議事録のチェックポイント」登記インターネット89号（民事法情報センター）

Q＆A宗教法人の管理運営

　　宗教法人研究会編著『Q＆A宗教法人の管理運営』（ぎょうせい）

Q＆A200選

　　日本法令不動産登記研究会編『事項別　不動産登記のQ＆A200選』（日本法令）

Q＆A210選

　　日本法令不動産登記研究会編『事項別　不動産登記のQ＆A210選〔7訂版〕』（日本法令）

協議結果集

　　愛知県司法書士会権利登記法司研究委員会編集『名古屋法務局・愛知県司法書士会　不動産権利登記研究会協議結果集』平成22年発行（愛知県司法書士会）

協議結果集29年

　　愛知県司法書士会権利登記法司研究委員会編集『名古屋法務局・愛知県司法書士会　不動産権利登記研究会協議結果集』平成29年発行（愛知県司法書士会）

公益社団法人等の機関と運営
　　渋谷幸夫『公益社団法人・公益財団法人・一般社団法人・一般財団法人の機関と運営』（全国公益法人協会）

コンメンタール契約法
　　我妻榮・有泉亨『〔新版〕コンメンタール民法Ⅴ　契約法』（日本評論社）

【さ行】

最高裁判例解説
　　法曹会『最高裁判所判例解説　民事編』（法曹会）

実務からみた不動産登記の要点
　　登記研究編集室編『実務からみた不動産登記の要点Ⅰ』（テイハン）

実務相談株式会社法3
　　稲葉威雄他編『〔新訂版〕実務相談株式会社法3』（商事法務研究会）

四宮＝能見・民法総則
　　四宮和夫・能見善久『民法総則〔第8版〕』（弘文堂）

司法書士愛知会報No.218
　　愛知県司法書士会『司法書士愛知会報No.218（2017年5月）』（愛知県司法書士会）

下山・商事法務
　　下山祐樹『株主総会終了後の実務』商事法務1767号

宗教法人の実務問答集
　　阪岡誠・東川茂夫『増補5版　宗教法人の実務問答集』（第一書房）

商業登記法逐条解説
　　商業登記実務研究会編著『新版　商業登記法逐条解説』（日本加除出版）

商業・法人登記先例解説総覧
　　登記研究編集室『増補　商業・法人登記先例解説総覧』（テイハン）

新会社法関係法務省令の解説
　　相澤哲編著『立案担当者による新会社法関係法務省令の解説』別冊商事法務№300（商事法務）

新・会社法の解説
　　相澤哲編著『立案担当者による新・会社法の解説』（商事法務）

新基本法コンメンタール親族
　　　松川正毅・窪田充見編『新基本法コンメンタール親族』（日本評論社）
親権・未成年後見の法律と登記
　　　青山修『親権・未成年後見の法律と登記』（新日本法規出版）
新成年後見制度の解説
　　　小林昭彦・大門匡編著・岩井信晃他著『新成年後見制度の解説』（金融財政事情研究会）
親族法逐条解説
　　　中川淳『改訂　親族法逐条解説』（日本加除出版）
新・判例コンメンタール
　　　島津一郎・久貴忠彦編『新・判例コンメンタール　民法13』（三省堂）
新不動産登記法逐条解説（一）
　　　香川保一『新不動産登記法逐条解説（一）』（テイハン）
成年後見監督人の手引
　　　公益社団法人成年後見センター・リーガルサポート編著『成年後見監督人の手引』（日本加除出版）
先例解説総覧
　　　登記研究編集室編『不動産登記先例解説総覧』（テイハン）
先例解説総覧Ⅱ
　　　登記研究編集室編『不動産登記先例解説総覧　追加編Ⅱ』（テイハン）

【た行】

田中・会社法
　　　田中亘『会社法』（東京大学出版会）
逐条解説宗教法人法
　　　渡部蓊『逐条解説宗教法人法　第4次改訂版』（ぎょうせい）
逐条解説不動産登記規則
　　　小宮山秀史『逐条解説不動産登記規則①』（テイハン）
逐条不動産登記令
　　　河合芳光『逐条　不動産登記令』（金融財政事情研究会）
注釈会社法(1)・(6)
　　　上柳克郎他編『新版　注釈会社法(1)・(6)』（有斐閣）

注釈民法(25)
　　　於保不二雄・中川淳編集『新版　注釈民法(25)』（有斐閣）
中小企業等協同組合法逐条解説
　　　中小企業庁創業連携推進課監修・全国中小企業団体中央会編『中小企業等協同組合法逐条解説』（第一法規）
登先
　　　登記先例解説集11巻10号（金融財政事情研究会）
取締役・会社間の取引
　　　田村詩子『取締役・会社間の取引』（勁草書房）

【な行】

名法・登記情報
　　　名古屋法務局『登記情報第17号・第19号』（名古屋法務局）
農業協同組合法
　　　明田作『農業協同組合法』（経済法令研究会）

【は行】

判例コンメンタール
　　　大隅健一郎他編『判例コンメンタール11下』（三省堂）
判例先例親族法Ⅲ
　　　清水節『判例先例親族法Ⅲ』（日本加除出版）
不動産登記ケーススタディ40選
　　　法務省法務総合研究所編『対話式　不動産登記ケーススタディ40選』（日本加除出版）
不動産登記添付情報（上）
　　　新井克美＝後藤浩平編著『精解設例　不動産登記添付情報（上）』（日本加除出版）
不動産登記入門
　　　清水湛監修『全訂　不動産登記入門』（民事法情報センター）

平成8年度重要判例解説

 小塚荘一郎「特別利害関係人が議事を主宰した取締役会決議の無効」『平成8年度重要判例解説』ジュリスト臨時増刊1113号（有斐閣）

平成11年民法一部改正法等の解説

 小林昭彦・原司『平成11年民法一部改正法等の解説』（法曹会）

平成23年民法等改正

 飛澤知行編著『一問一答　平成23年民法等改正―児童虐待防止に向けた親権制度の見直し』（商事法務）

法人登記記載例

 法務省民事局内法務研究会編『法人登記記載例』（テイハン）

法令用語辞典

 吉国一郎他編『法令用語辞典　第9次改訂版』（学陽書房）

【ま行】

前田・会社法入門

 前田庸『会社法入門〔第12版〕』（有斐閣）

【や行】

弥永・会社法施行規則

 弥永真生『コンメンタール会社法施行規則・電子公告規則〔第2版〕』（商事法務）

【ら行】

利益相反の先例・判例と実務

 中村均『利益相反の先例・判例と実務〔全訂第3判〕』（金融財政事情研究会）

リーディング会社法

 滝川宜信『リーディング会社法〔第2版〕』（民事法研究会）

論点解説

 相澤哲他編著『論点解説　新・会社法　千問の道標』（商事法務）

目　次

第1章　制限行為能力者と保護機関

1　制限行為能力者と保護機関 …………………………………… 3
2　制限行為能力者と保護機関の利益相反行為 ………………… 6

第2章　未成年者と親権者

1　利益相反行為の規制の趣旨 …………………………………… 9
　(1)　趣旨 ……………………………………………………………… 9
　(2)　親権者の同意と利益相反行為 ……………………………… 9
2　利益相反行為の判断基準（形式的判断説と実質的判断説）………………………………………………… 10
　(1)　形式的判断説（外形説）……………………………………… 11
　(2)　実質的判断説 ………………………………………………… 14
　(3)　登記実務 ……………………………………………………… 15
3　民法826条と108条との関係 ………………………………… 18
4　利益相反行為の対象 …………………………………………… 19
5　特別代理人の選任 ……………………………………………… 21
　(1)　特別代理人の選任の請求 …………………………………… 21
　(2)　共同親権者の1人と利益相反する場合 …………………… 26
　(3)　未成年の子が数人存する場合と特別代理人の選任 ……………………………………………………… 29
　(4)　特別代理人の数 ……………………………………………… 40
　(5)　特別代理人の権限 …………………………………………… 41

(6)　特別代理人を選任しないで親権者が
　　　利益相反行為を行った場合……………………………………46
　(7)　特別代理人の資格の消滅………………………………………48
6　未成年者・親権者間の利益相反行為の例……………………………50
　(1)　所有権移転・所有権抹消………………………………………50
　(2)　共有持分の放棄…………………………………………………55
　(3)　相続………………………………………………………………55
　(4)　担保権等の設定・保証行為……………………………………61
7　特別代理人と未成年者との利益相反行為……………………………67
　(1)　親権者・未成年者間の利益相反行為
　　　規定の類推適用…………………………………………………67
　(2)　特別代理人と未成年者との利益相反
　　　行為の一事例……………………………………………………68
8　利益相反行為と不動産登記の申請……………………………………69
　(1)　登記の申請人……………………………………………………69
　(2)　添付情報…………………………………………………………73

第3章　未成年者と未成年後見人・未成年後見監督人

1　後見人・後見監督人の種類・公示……………………………………83
2　未成年後見の開始事由…………………………………………………85
3　未成年後見人の員数・代表権…………………………………………86
4　未成年後見監督人・特別代理人………………………………………87
5　被後見人・後見人間の利益相反行為の例……………………………88
6　特別代理人を選任しないで未成年後見人
　　が利益相反行為を行った場合…………………………………………92
7　利益相反行為と不動産登記の申請……………………………………92

第4章　成年被後見人と成年後見人

1. 成年後見人の選任 …………………………………… 97
2. 成年後見人の員数・代理権 …………………………… 98
3. 成年後見監督人・特別代理人 ………………………… 99
4. 成年被後見人・成年後見人間の利益相反
   行為の例 ……………………………………………… 100
5. 特別代理人を選任しないで成年後見人が
   利益相反行為を行った場合 …………………………… 103
6. 利益相反行為と不動産登記の申請 …………………… 103

第5章　被保佐人と保佐人

1. 保佐人の選任 ………………………………………… 107
2. 保佐人の員数 ………………………………………… 108
3. 保佐人の同意権 ……………………………………… 108
4. 保佐人の代理権 ……………………………………… 110
5. 保佐監督人・臨時保佐人 …………………………… 111
6. 被保佐人・保佐人間の利益相反行為の例 …………… 112
7. 利益相反行為と不動産登記の申請 …………………… 112

第6章　被補助人と補助人

1. 補助人の選任 ………………………………………… 117
2. 補助人の員数 ………………………………………… 118
3. 補助人の同意権 ……………………………………… 118
4. 補助人の代理権 ……………………………………… 120
5. 補助監督人・臨時補助人 …………………………… 121
6. 被補助人・補助人の利益相反行為の例 ……………… 122
7. 利益相反行為と不動産登記の申請 …………………… 122

第7章 株式会社と取締役等との利益相反取引

1 取締役の利益相反取引の規制 ……………………………… 127
　(1) 利益相反取引の規制の趣旨 ………………………………… 127
　(2) 規制の対象となる取締役 …………………………………… 128
　(3) 取引 …………………………………………………………… 129
2 直接取引・間接取引 ………………………………………… 130
　(1) 直接取引（会社法356条1項2号）………………………… 130
　(2) 間接取引 ……………………………………………………… 140
3 利益相反取引の承認機関 …………………………………… 141
　(1) 承認機関 ……………………………………………………… 141
　(2) 決議の方法 …………………………………………………… 142
　(3) 包括的承認の可否 …………………………………………… 165
　(4) 重要事実の事前開示・事後報告 …………………………… 165
4 利益相反取引についての議事録等の作成 ………………… 166
　(1) 株主総会議事録（株主総会を開催した場合）…………………………………………………………… 168
　(2) 株主総会議事録等（会社法319条1項の規定により株主総会を開催しないで書面決議した例）………………………………… 181
　(3) 取締役会議事録（取締役会を開催した例～取締役会設置会社の場合）……………………… 186
　(4) 取締役会議事録等（会社法370条の規定による取締役会を開催しないで書面決議によった例～取締役会設置会社の場合）……………………………………………………… 194
5 利益相反取引の例 …………………………………………… 203
　(1) 所有権移転・所有権移転の抹消 …………………………… 203
　(2) 金銭消費貸借 ………………………………………………… 206

(3) 担保権の設定 …………………………………… 207
　　　(4) 債務者・債権の範囲の変更 …………………… 219
　　　(5) 順位変更等 ……………………………………… 221
　　　(6) 根抵当権移転 …………………………………… 223
　　　(7) 所有権以外の権利の抹消登記 ………………… 224
　　　(8) 商業登記に関係する行為 ……………………… 225
　6 利益相反取引と不動産登記の申請 ………………… 228
　　　(1) 利益相反取引の承認を受けた代表取
　　　　 締役が登記の申請をする場合 ………………… 228
　　　(2) 利益相反取引の承認を受けた者と別
　　　　 の者が登記の申請をする場合 ………………… 228
　7 承認を得ない取引の効力・事後承認等 …………… 229
　　　(1) 承認機関の承認を得ない取引の効力 ………… 229
　　　(2) 事後承認 ………………………………………… 230
　　　(3) 登記申請の受理・不受理 ……………………… 231
　8 執行役の利益相反取引 ……………………………… 233
　　　(1) 指名委員会等設置会社 ………………………… 233
　　　(2) 執行役 …………………………………………… 233
　　　(3) 執行役の利益相反取引 ………………………… 234
　9 清算人の利益相反取引 ……………………………… 235
　　　(1) 清算会社の機関 ………………………………… 235
　　　(2) 取締役の登記の抹消・清算人の職務 ………… 237
　　　(3) 清算人の利益相反取引 ………………………… 237

第8章　持分会社と社員との利益相反取引

1 業務執行・業務を執行する社員 ……………………… 243
2 利益相反取引の規制 …………………………………… 244

3	利益相反取引を承諾したことを証する情報	246
4	利益相反取引の例	251
5	承認を得ない取引の効力	252
6	利益相反取引と不動産登記の申請	252

第9章　各種法人における利益相反行為

1	宗教法人	255
2	医療法人	262
3	学校法人	268
4	社会福祉法人	273
5	一般社団法人・一般財団法人	278
6	特定非営利活動法人	287
7	中小企業等協同組合	289
8	農業協同組合	293
9	労働組合	294

索　引

- 先例年次索引 298
- 判例年次索引 302

第 1 章
制限行為能力者と保護機関

第1章 制限行為能力者と保護機関

1 制限行為能力者と保護機関

　民法は、未成年者、成年被後見人、被保佐人および民法17条1項の審判（被補助人が特定の法律行為をするには、その補助人の同意を得なければならない旨の審判）を受けた被補助人を、制限行為能力者としている（民20①）。
　制限行為能力者とその保護機関は次のとおりである。

(1) 未成年者

未成年者	① 年齢20歳未満の者をいう（民4参照）。 ② 未成年者が婚姻をしたときは、これによって成年に達したものとみなされる（成年擬制（民753））。 ③ 天皇、皇太子および皇太孫の成年は、18年とする（皇室典範22）。
保護機関	① 原則として親権者（民818） 　イ　成年に達しない子は、父母の親権に服する。 　ロ　子が養子であるときは、養親の親権に服する。 　ハ　親権は、父母の婚姻中は、父母が共同して行う。ただし、父母の一方が親権を行うことができないときは、他の一方が行う。 ② 未成年後見人（民839〜841） 　イ　父もしくは母が親権もしくは管理権を辞し、または父もしくは母について親権喪失、親権停止もしくは管理権喪失の審判があったことによって未成年後見人を選任する必要が生じたときは、その父または母は、遅滞なく未成年後見人の選任を家庭裁判所に請求しなければならない。

ロ　未成年後見人は、数人を置くことができる（民840②）。
　　　ハ　法人も未成年後見人になれる（民840③括弧書）。
　③　未成年後見監督人（民848・849）
　　　イ　任意設置機関。員数＝複数でも可（民852・859の2）。
　　　ロ　法人でも未成年後見監督人になれる（民852・840③括弧書）。
　　　ハ　未成年後見人を指定することができる者は、遺言で、未成年後見監督人を指定することができる（民848）。
　　　　　家庭裁判所は、必要があると認めるときは、被後見人、その親族もしくは後見人の請求により、または職権で、後見監督人を選任することができる（民849）。
　　　ニ　後見人の配偶者、直系血族および兄弟姉妹は、後見監督人となることができない（民850）。

(2)　成年被後見人

成年被後見人	精神上の障害により事理を弁識する能力を欠く常況にある者であって、家庭裁判所により後見開始の審判を受けた者をいう（民7・8）。
保護機関	①　成年後見人（民8）。 　　イ　後見開始の審判を受けた者は、成年被後見人とし、これに成年後見人を付する。 　　ロ　員数＝複数でも可（民852・859の2参照）。 　　ハ　法人も成年後見人になれる（民843④括弧書）。 ②　成年後見監督人（民849）。 　　イ　任意設置機関。員数＝複数でも可（民852・859の2）。 　　ロ　法人も成年後見監督人になれる（民852）。 　　ハ　家庭裁判所は、必要があると認めるときは、被後見人、

第1章 制限行為能力者と保護機関

	その親族もしくは後見人の請求により、または職権で、後見監督人を選任することができる（民849）。 ニ　後見人の配偶者、直系血族および兄弟姉妹は、後見監督人となることができない（民850）。

(3) 被保佐人

被保佐人	精神上の障害により事理を弁識する能力が著しく不十分である者であって、保佐開始の審判を受けた者をいう（民11本文・12）。 　ただし、後見開始の審判のための実質的要件である精神上の障害により事理を弁識する能力を欠く常況にある者には、保佐開始の審判をすることができない（民11ただし書）。
保護機関	①　保佐人（民12）。 　イ　保佐開始の審判を受けた者は、被保佐人とし、これに保佐人を付する。 　ロ　員数＝複数でも可（民876の5・859の2参照）。 　ハ　法人も保佐人になれる（民876の2③）。 ②　保佐監督人（民876の3）。 　イ　任意設置機関。員数＝複数でも可（民876の3②・876の5②・859の2）。 　ロ　法人も保佐監督人になれる（民876の3②）。 　ハ　家庭裁判所は、必要があると認めるときは、被保佐人、その親族もしくは保佐人の請求により、または職権で、保佐監督人を選任することができる（民876の3①）。 　ニ　保佐人の配偶者、直系血族および兄弟姉妹は、保佐監督人となることができない（民876の3②・850）。

(4) 被補助人

被補助人	精神上の障害により事理を弁識する能力が不十分である者であって、補助開始の審判を受けた者をいう（民15①本文・16）。 ただし、後見開始の審判のための実質的要件である精神上の障害により事理を弁識する能力を欠く常況にある者、または、保佐開始の審判のための実質的要件である精神上の障害により事理を弁識する能力が著しく不十分である者には、補助開始の審判をすることができない（民15①ただし書）。
保護機関	① 補助人（民16）。 　イ　補助開始の審判を受けた者は、被補助人とし、これに補助人を付する。 　ロ　員数＝複数でも可（民876の10①・859の2参照）。 　ハ　法人も補助人になれる（民876の7②）。 ② 補助監督人（民876の8①）。 　イ　任意設置機関。員数＝複数でも可（民876の8②・859の2参照）。 　ロ　法人も補助監督人になれる（民876の8②）。 　ハ　家庭裁判所は、必要があると認めるときは、被補助人、その親族もしくは補助人の請求により、または職権で、補助監督人を選任することができる（民876の8①）。 　ニ　補助人の配偶者、直系血族および兄弟姉妹は、保佐監督人となることができない（民876の8②・850）。

2 制限行為能力者と保護機関の利益相反行為

　制限行為能力者とその保護機関との直接取引または第三者との契約において、制限行為能力者と保護機関とで利益相反行為となる場合は、特別代理人、後見監督人等が制限行為能力者を保護する機関となる。これらの詳細については、第2章から第6章で述べる。

第 2 章
未成年者と親権者

第2章　未成年者と親権者

1　利益相反行為の規制の趣旨

(1)　趣旨

　　民法826条1項は、親権を行う父または母とその子との利益が相反する行為については、親権を行う者は、その子のために特別代理人を選任することを家庭裁判所に請求しなければならないとする。

　　また、同条2項は、親権を行う者が数人の子に対して親権を行う場合において、その1人と他の子との利益が相反する行為については、親権を行う者は、その一方のために特別代理人を選任することを家庭裁判所に請求しなければならないとしている。

　　この民法826条の趣旨は、親権者とその親権に服する子との間、あるいは親権者とその親権に服する子の一方と他方との間で、利益が衝突する場合には、親権者に親権の公正な行使を期待することができないから、このような場合には、親権を制限し、家庭裁判所の選任した特別代理人に、未成年の子を保護させようとするものである（親族法逐条解説442頁）。

(2)　親権者の同意と利益相反行為

　　親権者は、未成年の子が法律行為を行うことについて同意を与えるか、または、子の財産に関する法律行為についてその子を代表する（親権者は、同意権と代理権を有する。民5①・824）。

　　利益相反行為が禁止されるのは、親権者が未成年の子を代理して法律行為を行う場合だけに限られず、親権者との関係で利益相反行為となる法律行為を未成年の子が行うことについて親権者が同意を与える場合も含まれる。利益相反行為となる法律行為につ

いて親権者が与えた同意には効力がなく、未成年の子の行為は親権者の有効な同意を欠く行為となり、取り消しうる（内田・親族相続233頁）。

2 利益相反行為の判断基準（形式的判断説と実質的判断説）

親権者と未成年の子との間の利益相反行為とは、親権者にとっては利益であって、未成年の子にとっては不利益な法律行為を指称する。親権者から単に贈与を受けるだけのように、未成年の子にとって何ら不利益のない行為を含まない（【判例1】）。また、同一の親権者の親権に服する子のうち、ある者にとっては利益となり、他の者にとっては不利益となる行為も含む（民826②参照）[1]。

[1] 同一の親権者の親権に服する子のうち、ある者にとっては利益となり、他の者にとっては不利益となる行為の例。
① A・Bの親権に服する未成年の子Cが所有する不動産を、A・Bの親権に服する未成年の子Dに対し、売買または贈与する旨の契約を親権者が行う場合。
② 親権者Aの死亡により開始した相続について、亡Aの配偶者Bが相続の放棄をした後に、A・B間の未成年の子CとDとで遺産分割協議をする場合に、BがCおよびDを代理する場合。

どのような行為が民法826条のいう「利益が相反する行為」となるか、その判断基準については形式的判断説と実質的判断説とが対立している。

【判例1】大判昭6・11・24民集10・1103（利益相反行為とは）
「所謂利益相反する行為とは親権者の為に利益にして未成年者の為に不利益なる行為を指称し未成年者が親権者より単純に贈与を受くるが如き未成年者に何等の不利益なき行為を包含せざるものと解するを相当とす」。

(1) 形式的判断説（外形説）

（一） 判例・通説

　　形式的判断説（外形説）は、判例・通説である[*2]。登記実務は、(3)で記述するように形式的判断説を採っている。

　　形式的判断説は、利益相反行為か否かは行為の外形からのみ判断すべきであり、代理行為をするについての親権者の動機、意図をもって判定すべきでない、とするものである。この説は、利益相反行為か否かは行為の外形からのみ判断するため、行為の動機や目的などを考慮すべきとする実質的判断説と比較して、未成年者の取引の相手方の保護、すなわち取引の安全をも尊重するものである。

　　形式的判断説は、親権者の利益と子の不利益とが、法形式の外形上結合しない限り、利益相反行為に当たらないとする（最判平4・12・10民集46・9・2727（（二）例1））[*3]。

> [*2] 最高裁判例の立場は、形式的判断説に確定しているとされ、通説の立場でもある（最高裁判例解説　平成4年度513頁〔田中豊〕）。
> [*3] 「法形式の外形上結合」という用語は、前掲（*2）最高裁判例解説513頁より引用。

（二） 「法形式の外形上結合」していない例

例1：債務者が第三者

　～利益相反行為にならない（最判平4・12・10民集46・9・2727）

　　未成年者A所有の土地について、根抵当権者をB、債務者をC会社とする根抵当権設定契約を未成年者の親権者甲が締結する行為は、根抵当権者および債務者の利益と未成年者の不利益とは法形式の外形上結合しているが、親権者の利益と未成年者の不利益とは外形上結合していないから、利益相反行為に当たらない。

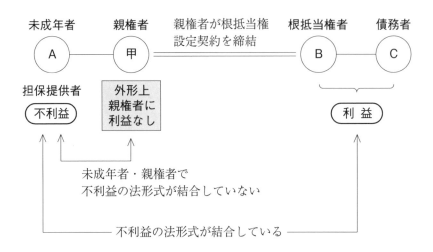

例2：債務者が未成年者

〜利益相反行為にならない（大判昭8・1・28法学2・1120）

　親権者甲が、借受金を親権者甲の定期米取引の資金に供する目的を有していたとしても、その未成年の子Aを債務者としてA所有の不動産に抵当権を設定することは、利益相反行為にならない。

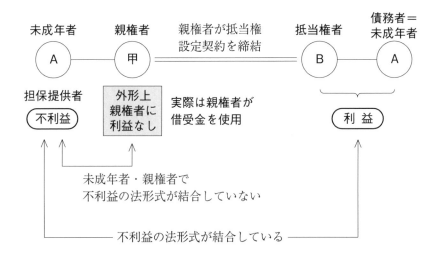

第2章　未成年者と親権者

例3：債務者が親権者

～利益相反行為になる（最判昭37・10・2民集16・10・2059）

　親権者甲が負担する貸金債務を担保するために、甲を債務者として、その未成年の子Aが所有する不動産に抵当権を設定する行為は、当該借受金を未成年の子の養育費に供する意図であっても、利益相反行為に当たる。

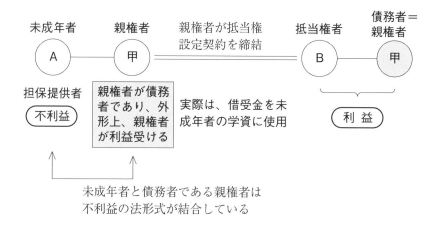

【判例2】　最判昭37・2・27集民58・1023（形式的判断説）

「本件金銭消費貸借契約及び抵当権設定契約は、Xの未成年当時、Xの親権者が法定代理人として、Yの代理人との間に、Xを借主とし、X所有の不動産をその債権の抵当物件としてこれを締結したものである。而して、法定代理人と本人との間に利益相反する関係があるか否かは、専ら、行為自体を観察して判断すべきものであって、その行為に至った縁由を考慮して判断すべきものではない（大正7年（オ）第442号同年9月13日大民判、大民録24輯下1684頁参照）。されば、仮令、これ等の契約の締結が、所論の如くに、借入金を親権者自身の用途に供するためであったとしても、それは、契約に至った縁由にすぎないのであっ

て、本件各契約自体に対する観察上、上告人とその親権者とが、所論の如き利益相反する関係にあったとは、認められない。以上と同旨の原判決は正当である」（ふりがなは筆者）。

【判例3】最判昭42・4・18民集21・3・671（形式的判断説）
「民法826条にいう利益相反行為に該当するかどうかは、親権者が子を代理してなした行為自体を外形的客観的に考察して判定すべきであって、当該代理行為をなすについての親権者の動機、意図をもって判定すべきでない」。

（三）　判例が形式的判断説を採る理由

判例が一貫して形式的判断説を採る理由は、①外部から判断できない親権者の目的・動機や結果までも考慮して利益相反行為か否かを判断することは、取引の安全への弊害が大きい。②結果を考慮せず行為の外形から判断すべしというのは、「代理」の一般理論の適用に他ならないからである。特別代理人によらずに行われた利益相反行為は無権代理行為と解するのが判例通説（最判昭46・4・20集民102・519、新・判例コンメンタール120頁）であり、通常の代理権との統一的な取扱いを図っている。

(2)　**実質的判断説**

上記(1)の形式的判断説（外形説）によると、例えば、親権者が未成年の子を債務者としてその未成年の子が所有する不動産に抵当権を設定して、親権者が当該借受金を親権者のために使用しても、外形上は親権者の使用行為が分からないので（外形上は、未成年者と親権者の利害が衝突していないから）、利益相反行為にならない。

これに対して、親権者を債務者として未成年の子が所有する不動産に抵当権を設定するときは、当該借受金が未成年者の学費に充てる場合であっても、外形上は親権者が利益を受ける形となり、利益相反行為となってしまう。この例のように親権者の都合で自由に債務者を決めたとすれば、未成年の子の利益が守れないことになる。

このような不都合を防止するため、実質的判断説は、行為の外形よりも実質的事情を考慮して利益相反行為か否かを判断する、というものである。この説によれば、外部からは分からない親権者の代理行為の動機、目的、必要性などを考慮して具体的ケースについて判断することになる。近時における有力説とされる（最高裁判例解説　平成4年度513頁〔田中豊〕）。

(3)　登記実務

(一)　形式的判断説（外形説）の採用

　登記実務は、当初、他人の債務を担保するため、親権者と未成年者の子がともに物上保証人として抵当権設定契約をすることは、利益相反行為であり特別代理人の選任を要する、としていた（〚先例3〛(18頁)）。

　しかし、その後、他人の債務について、親権者とその親権に服する未成年の子がともに物上保証人となることは、利益相反行為に該当しない（〚先例1〛(16頁)）として、利益相反行為の判断を、実質的判断説から形式的判断説（外形説）に変更した。

(二)　実質的判断説から形式的判断説（外形説）への変更理由

　(一)で述べた先例変更前の解釈は、子の利益保護を重視して利害の帰するところを実質的に把握判断し、利益相反の可能性の多少なりとも存する場合には、すべて利益相反行為とした。例えば、〚先例3〛の事例においては、抵当権設定後、後日当該

抵当権が実行されたときには、親権者と未成年の子は保証人の地位にあるので、お互いの負担部分があり、親権者が未成年の子に対して求償するような関係が生ずる可能性があり、そのときは親権者と未成年の子の間で利益相反が生じる。このような事態が予想される物上保証契約、つまり抵当権設定行為は利益相反行為に該当すると解していた（先例解説総覧628頁）。

しかし、上記のように抵当権設定行為がされた後のことまで（求償が生ずる可能性があることまで）利益相反を考慮する範囲を拡張することは取引の動的安全を害するおそれがあるので、親子間の利益相反行為は形式的に判断すべきと解されるようになった（先例解説総覧628頁）。すなわち、利益相反行為になるか否かは、その行為（抵当権設定行為）自体が利益相反するか否かを判断すれば足りるとされる（不動産登記ケーススタディ40選43頁）。子の利益の保護は、別の方法、すなわち親権または管理権の剥奪または民法827条（財産管理注意義務）違反により、違反親権者に損害賠償の責を負わせることによって保護すべきである（先例解説総覧628頁）。

〚先例1〛昭37・10・9民甲2819（他人の債務の物上保証）
［照会］
　他人の債務について親権者とその親権に服する未成年の子が共に物上保証人となることは、民法826条にいわゆる利益相反行為に該当すると考えますが、昭和36年5月10日付民事甲第1042号（筆者注〚先例2〛(17頁)）の御通達もあり登記事務の取り扱いについて決しかねておりますので、何分の御垂示を賜りたくお伺いします。
　参照　昭和33年4月4日付民事甲第715号通達
　　　　同年6月13日付民事甲第1223号通達

第2章　未成年者と親権者　　　　　　　　　　　　　　　17

［回答］
　利益相反行為に該当しないものと考える。
　なお、家庭裁判所において子のため特別代理人の選任の審判をした場合には、その審判は当然には無効でなく、右特別代理人によってなされた物上保証契約に基づく抵当権設定の登記申請は受理してさしつかえない。
　おって、引用の昭和33年4月4日付民事甲第715号本職通達及び同年6月13日付民事甲第1223号本職回答は、右によって変更したものと了知されたい。

〖先例2〗昭36・5・10民甲1042（父が代表取締役をする会社が債務者）
［照会］
　代表取締役である父がその会社の債務のための担保として親権に服する未成年の子の所有にかかる不動産について抵当権の設定契約をなすことは、利益相反行為に該当するので特別代理人の選任を要するとの昭和32年12月17日付民事甲第2392号民事局長回答（昭和32年11月28日付福岡法務局長よりの公証事務取扱いについての問合せに対するもの）がありますところ、この場合の利益を受ける者は父ではなく、父が代表取締役である会社自体であるから右の物上保証契約は利益相反行為に該当しないとする説もあり、登記事務の取扱いについてささか疑義がありますので、右先例はいまもなお維持さるべきものであるかどうか、何分の御垂示を賜わりたくお伺いいたします。
［回答］
　特別代理人の選任を要しないものと考える。
　なお、家庭裁判所において子のため特別代理人の選任の審判をした場合には、その審判は当然には無効でなく、右特別代理人によってなされた物上保証契約も一応有効と解すべきであるから、当該物上保証契約に基づく抵当権設定の登記申請は、受理すべきものと考える。

おって、引用の昭和32年12月17日付民事甲第2392号本職回答は、右によって変更されたものと了知されたい。

〚先例3〛昭33・4・4民甲715（注：この先例は〚先例1〛（16頁）により変更された）

［照会］

　他人の債務につき、親権者と未成年の子が共に物上保証人となって抵当権設定登記の申請があった場合、利益相反行為に該当しないと解してよいでしょうか。

　なお、右の場合親権者は物上保証をなさず、連帯保証人の場合は利益相反行為になりますか。

［回答］

　前段、後段いずれの場合も、利益相反行為に該当するものと考える。

〚先例4〛昭33・6・13民甲1223（注：この先例は〚先例1〛（16頁）により変更された）

［照会］

　株式会社の債務のために、当該会社の代表取締役と右代表取締役の子（未成年）の共有にかかる不動産を担保（物上保証）として抵当権設定登記申請があった場合、当該契約は民法第826条にいう利益相反行為に該当するものと解してさしつかえないでしょうか。

［回答］

　貴見のとおり利益相反行為に該当するものと考える。

3　民法826条と108条との関係

　民法826条は、親権者と未成年の子または数人の未成年の子の間

の利益相反行為について親権者の行為を規制する。民法108条は、債務の履行および本人があらかじめ許諾した行為を除き、自己契約と双方代理を禁止する*4。

　民法826条の制度は、利害関係の対立がある場合に、公正をはかる制度で、民法108条と共通の理念の上に立つものといえる（大判明44・7・10民録17・468）。しかし、民法826条と108条については、その適用範囲を異にする。民法826条は、単独行為または第三者との契約に関する代理をも禁止し、また、これらの行為を未成年の子がなすについて親権者が同意を与えることを禁止する点において、民法108条よりも適用範囲が広い。ただし、民法826条は、未成年の子の利益を保護する制度であるから、親の不利益によって未成年の子が利益を得るような行為（例：親権者が、未成年の子に対して負担のない贈与をする行為）は、形式的に利益が相反する場合であっても制限を受けない点で、民法108条よりも適用範囲が狭いとされる（親族法逐条解説442頁参照）。

*4　自己契約の例→売主の代理人が、自ら買主として契約をすること。
　　双方代理の例→Aが、売主の代理人となると同時に買主の代理人となって売買契約を成立させる場合。

4　利益相反行為の対象

　親権者とその親権に服する未成年の子との利益相反行為が問題となる範囲は、次の行為である。

① 親権者と未成年の子が直接の対立当事者となる法律行為
　　（例）親権者・未成年者間の売買行為。
② 親権者と未成年の子とは利益相反しないが、同一親権に服する未成年の子の間で利益相反となる場合
　　（例）相続権を有しない親権者が、その未成年の子の間で遺産分割協議をするについて、未成年の子全員の法定代理人と

なって遺産分割協議を行う行為（親権者が相続の放棄をした場合）。
③ 未成年の子と第三者間の法律行為
（例）親権者が未成年の子を代理して第三者との間で抵当権設定契約を締結する行為。
④ 単独行為
（例）相続を放棄する子と、これによって相続分が増加する子とは、利益相反関係にある（【判例17】(58頁)）。
⑤ 身分行為

本人の意思に基づくことが必要である身分行為（婚姻・養子縁組等のように、身分の取得・変動という法律効果を生ずる法律行為をいう。）は、本来、代理に親しまないものである。しかし、未成熟の子の養育、監護等その福祉を図ることが養子制度の本旨であることから、民法797条1項は、「養子となる者が15歳未満であるときは、その法定代理人が、これに代わって、縁組の承諾をすることができる。」としている。

昭和62年に民法795条〔配偶者のある者が未成年者を養子とする縁組〕の改正（昭和62年法律101号）により、配偶者の嫡出である子を養子とする場合または配偶者がその意思を表示することができない場合を除き、配偶者のある者が未成年者を養子とするには、配偶者とともにしなければならないとされた〔共同縁組〕。

この改正を受けて次のような法務省通達が出された（昭63・9・17民二5165）。

（一） 親権者（すなわち母）が自己の15歳未満の嫡出でない子を配偶者（すなわち夫）とともに養子とする場合には、利益相反行為に該当しない。
（二） しかし、自己の親権に服する15歳未満の嫡出でない子を単

独で縁組する場合、および15歳未満の未成年者をその後見人が養子とする場合（後見監督人が選任されている場合を除く。）については、特別代理人の選任を要する。

5 特別代理人の選任
(1) 特別代理人の選任の請求
（一） 特別代理人の選任を要する場合

未成年の子のために特別代理人の選任を要するのは、次の①または②の場合である（民826）。

> ① 親権を行う父または母とその子とが利益相反する行為については、親権を行う者は、その子のために特別代理人を選任することを家庭裁判所に請求しなければならない。
>
> ② 親権を行う者が数人の子に対して親権を行う場合において、その1人と他の子との利益が相反する行為については、親権を行う者は、その一方のために特別代理人を選任することを家庭裁判所に請求しなければならない。

＜参考 ～ 養子縁組をしている場合＞

養親が死亡して養親が存在しない場合において、15歳未満の養子（相続人はこの者1人で他にはない）が養親の不動産を相続するについて、実父母の親権は復活せず、実父母は当然には法定代理人とならないので、当該相続登記の申請は、未成年後見人を選任し、その未成年後見人から行うことになる

（登研440・80）。先例は、養親（夫婦の場合は、その双方）が死亡しても実親の親権は回復せず、後見が開始するとしている（昭23・11・12民甲3585）。

（二） 共同親権の場合の選任請求者

　　家庭裁判所に対して行う特別代理人の選任の請求につき、判例は、共同親権の場合の請求者は、父母が共同で親権を行う場合でも、その一方のみが単独ですることができる、としている（【判例4】）。ただし、実務上は、共同して申し立てることが一般的である。

【判例4】　最判昭57・11・26民集36・11・2296（共同親権者の一方による特別代理人の選任請求）

「民法826条1項の規定による特別代理人の選任申立は、父母が共同で親権を行う場合においても、その一方のみが単独ですることができるものと解するのが相当である。けだし、右規定は、親権者と未成年者との間に利益相反の関係がある場合において、親権者に特別代理人の選任を申し立てるべき義務があることを定めたものであって、未成年者に右義務があることを定めたものではなく、したがって、親権者が未成年者に代わって法律行為をする場合における親権の共同行使の原則は適用される余地がないからである。」

（筆者注）　この判決は、「特別代理人の選任申立を未成年者のためにする代理権の行使とは関係のない親権者自身の義務と解することによって、親権の共同行使の制約から解放したものであり、民法826条1項の構造を明らかにしたものということができる。」（最高裁判例解説　昭和57年度871頁〔太田豊〕）。

（三） 利益相反行為に係る特別代理人選任の申立数

　　全国の家庭裁判所に対する利益相反行為に係る特別代理人選任の申し立て件数は、次のとおりである（最高裁判所司法統計）。

申立年度	件数	申立年度	件数
平成22年度	11,907	平成25年度	11,039
平成23年度	12,058	平成26年度	10,617
平成24年度	11,699	平成27年度	9,509

(四) 特別代理人選任審判申立て

　未成年の子と親権者との利益相反行為（民826）ついての特別代理人選任の申立ては、家事事件手続法で定める別表第1審判事項である（家事手続39・別表第1㉟）。

(イ) 選任申立裁判所

　　子の住所地を管轄する家庭裁判所である（家事手続167）。

(ロ) 申立権者

　　親権者（民826）、利害関係人（家事事件の申立書式と手続136頁）。

(ハ) 添付書類

　　原則として、次の書面である。

　① 申立書　1通
　② 申立人（親権者）、子の戸籍謄本（全部事項証明書）　各1通
　③ 特別代理人候補者の住民票または戸籍附票　1通
　④ 利益相反行為に関する資料（金銭消費貸借、抵当権設定契約書等の案、抵当権を設定しようとする不動産の登記事項証明書等）
　⑤ 利害関係人からの申立ての場合は、利害関係を証する資料（戸籍謄本（全部事項証明書）、④の書面等）

(ニ) 申立費用

　　収入印紙が子1人につき800円（民事訴訟費用等に関する法律3①・別表第1⑮、子1人につき）、予納郵券（郵便切手）については、申立てをする家庭裁判所に確認する。

第2章 未成年者と親権者

(ホ) 特別代理人選任申立書（親権者と子の利益相反の例）

特別代理人選任申立書

（この欄に収入印紙800円分を貼ってください。）

（貼った印紙に押印しないでください。）

受付印	
収入印紙	円
予納郵便切手	円

準口頭　関連事件番号　平成　年（家　）第　　　号

○○家庭裁判所　御中
平成○年○月○日

申立人の記名押印：平成太郎 ㊞　平成花子 ㊞

添付書類（同じ書類は1通で足ります。審理のために必要な場合は、追加書類の提出をお願いすることがあります。）
- □ 未成年者の戸籍謄本（全部事項証明書）
- □ 親権者又は未成年後見人の戸籍謄本（全部事項証明書）
- □ 特別代理人候補者の住民票又は戸籍附票
- □ 利益相反に関する資料（遺産分割協議書案、契約書案等）
- □ （利害関係人からの申立ての場合）利害関係を証する資料
- □

申立人

住所：〒○○○-○○○○　○県○市△町○丁目○番○号　電話○○○（○○○）○○○○（　　方）

フリガナ　ヘイセイ タロウ　氏名　平成太郎　大正・昭和・平成○年○月○日生（○歳）　職業　会社員

フリガナ　ヘイセイ ハナコ　氏名　平成花子　大正・昭和・平成○年○月○日生（○歳）　職業　無職

未成年者との関係：①父母　2 父　3 母　4 後見人　5 利害関係人

未成年者

本籍（国籍）：○都道府県　○市△町○丁目○番○号

住所：〒　－　申立人らの住所地と同じ　電話（　　）（　　方）

フリガナ　ヘイセイ イチロウ　氏名　平成一郎　平成○年○月○日生（○歳）

職業又は在校名：○○小学校

（注）太枠の中だけ記入してください。　※の部分は、当てはまる番号を○で囲んでください。

第2章　未成年者と親権者

申立ての趣旨

特別代理人の選任を求める。

申立ての理由

利益相反する者	利益相反行為の内容
※ ① 親権者と未成年者との間で利益が相反する。 2　同一親権に服する他の子と未成年者との間で利益が相反する。 3　後見人と未成年者との間で利益相反する。 4　その他（　　　　　　）	※ 1　被相続人亡＿＿＿＿＿＿＿の遺産を分割するため 2　被相続人亡＿＿＿＿＿＿＿の相続を放棄するため 3　身分関係存否確定の調停・訴訟の申立てをするため ④ 未成年者の所有する物に　① 抵当権　を設定するため 　　　　　　　　　　　　　2　根抵当権 5　その他（　　　　　　　　　　　　　　　　　） （その詳細） 債権者株式会社○○銀行、債務者申立人太郎、連帯債務者 申立人花子間の金銭消費貸借契約に基づく債務の担保とし て、未成年者所有する不動産（別紙の登記事項証明書に表 示のもの）に債権額金1,000万円の抵当権を設定するため。

特別代理人候補者

住　所	〒○○○－○○○○　　電話　○○○（○○○）○○○○ ○県○市○町○丁目○番地　　　　　　　　　（　　　方）	
フリガナ 氏　名	ショウ　ワ　アキ　ハル 昭　和　明　治	大正 昭和　○年○月○日生 平成 （　○　歳）	職業　会社員
未成年者との関係	父方の叔父	

（注）　太枠の中だけ記入してください。※の部分については，当てはまる番号を○で囲み，利益相反する者欄の4及び利益相反行為の内容欄の5を選んだ場合には，（　）内に具体的に記入してください。

(2) 共同親権者の1人と利益相反する場合
（一） 先例

共同親権の場合において、親権者の一方（父または母）と未成年の子とが利益相反行為となる場合の取り扱いについて民法に明文規定はないが、先例・判例は、法律行為は利益相反関係にない親権者と特別代理人とが共同して未成年の子を代表（代理）しなければならないとする（利益相反行為にない親権者と特別代理人とが未成年の子を代理しなければならない理由については**【判例5】**（28頁）を参照）。

利益相反行為にない親権者と特別代理人とが未成年の子を代理しなければならないとする先例には、次のものがある。

〚**先例5**〛昭23・9・18民甲3006（共同親権者の一方と特別代理人による代表）

［要旨］
　未成年の子所有の不動産を父に売買する場合には、特別代理人の選任を要し、特別代理人と母とが共同して当該行為をする。

［照会］
　未成年の子の所有している不動産を父に売買する場合特別代理人を選任せず母が子を代表して差支えないと思料する如何

［回答］
　特別代理人が母と共同して当該行為をするものと解する。

〚**先例6**〛昭33・10・16民甲2128（共同親権者の一方と特別代理人による代表）

［要旨］
　民法826条により一方の親権者の親権が制限されたときは、他の親

権者は、特別代理人とともに子を代表することを要する。

［照会］

　昭和33年1月23日東京高裁第四民事部において、民法第826条（親権者と子の利益相反行為）の規定は、利益衝突による親権者の親権制限の結果、当該事項に関し親権者なきにいたりたる通常の場合を着眼して立言したまでであって、一方の親権者の親権が制限されても他方の親権者が親権を行使しうる場合にまでも特別代理人の選任を要するものとする趣旨ではないと解するを相当とする趣旨の決定（東京高裁昭和32年(ラ)第441号競落許可決定に対する抗告事件の決定）がありましたけれども、登記官吏は、昭和23年9月21日付法務省民事甲第2952号貴職回答（筆者注：〚先例7〛）の趣旨により取り扱うのが相当と考えますが、右決定により事務取扱上若干の疑義を生じておりますので、何分の御指示をお願いいたします。

［回答］

　貴見のとおりと考える。

〚先例7〛昭23・9・21民甲2952（共同親権者の一方と特別代理人による代表）

［要旨］

　共同親権者の一方と未成年の子との間において利益相反行為をする場合は、他の一方の親権者と特別代理人が共同して子を代表する。

［照会］

　親権を行う父又は母と其の子と利益が相反する行為例へば、父母共同して親権を行ふとき父が自己の債務の為に、其の未成年者の財産の提供を受け、此れに担保を設定するが如き場合に於ける子の代表者としては(一)母のみが子の親権者として子を代表し得るや、又は(二)特別代理人の選任を家事審判所に請求し其の特別代理人のみが子を代表するや或は(三)母と特別代理人との共同して子を代表するや、右至急

御指示を願ひます。

［回答］

(三)によるのを相当と思考する。

(二) 判例

　　最高裁判決（最判昭35・2・25民集14・2・279）は、原審である東京高裁昭和33年6月17日判決（判タ83・43）の「利益相反の関係にある親権者は特別代理人の選任を求め、特別代理人と利益相反の関係にない親権者と共同して代理行為をなすべきものと解するを相当とする」という判断を支持している。

　　上記の東京高裁昭和33年6月17日判決は、利益相反の関係にない親権者と特別代理人とが共同して代理行為をしなければならないとする理由を次のように述べている。

【判例5】東京高判昭33・6・17判タ83・43（利益相反行為にない親権者と特別代理人とが代理する理由）

「本条（筆者注：民法826条）が専ら子の保護を目的としている点と、後述のように、両親権者間の情愛と子の利益を代表するとの関係は微妙なもので、他の一人のみによっては必ずしも子の利益が十分に保護されないおそれがないと断定できない現状とを考慮して、条文の立言を考えれば本条は、親権者の一方がその子と利益相反し、他の親権者が利益相反関係にない場合にもその適用があり、利益相反の関係にある親権者は特別代理人の選任を求め、特別代理人と、利益相反の関係にない親権者と共同して、代理行為をなすべきものと解するを相当とする。

　なるほど、同法（筆者注：民法）第818条第3項は、父母の一方が親権を行使し得ないときは、他の一方のみでこれを行い得る旨を規定しているが、この規定の予想する場合は通常当該親権者の親権行使に際

しての判断に他の親権者の影響は考慮する必要がなく、子のために自由に判断し得るような場合である。それなのに利益の相反する場合においては、当該親権者の一方に重大な利害関係が存するのであるから、他の一方の親権者は利益相反する親権者とその生活を共同する関係にあるため、純粋に子の為にのみの判断をなし難く、他の親権者の利得行為に反対し難い事情にある」。

(3) 未成年の子が数人存する場合と特別代理人の選任

（一） 民法826条2項の規定

親権を行う者が数人の子に対して親権を行う場合において、その1人と他の子との利益が相反する行為については、親権を行う者は、その一方のために特別代理人を選任することを家庭裁判所に請求しなければならない（民826②）。

例えば、甲の相続が開始した場合において、甲の妻である乙の親権に服する数人の未成年の子が遺産分割協議をするためには、未成年の子1人ごとに異なる特別代理人を選任しなければならない（〚先例8〛(31頁)、〚先例9〛(31頁)）。

なお、遺産分割協議をするにつき、次の図のように乙に相続権がない場合は、未成年の子1人については親権者乙が未成年の子を代理することができ、その余の未成年の子について特別代理人を選任することになる（【判例6】(39頁)、37頁②、38頁［親権者に相続権がない例］を参照）。その余の未成年の子が複数の場合は、未成年の子ごとに特別代理人を選任しなければならない（〚先例8〛参照）。親権者が同じであっても、数人の未成年者間で利益が相反しない場合については、41頁④を参照。

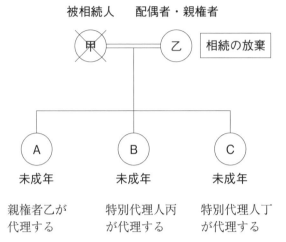

【特別代理人の数】（遺産分割協議の例）

事 例	特別代理人の数	根　　拠
相続権ある親権者と未成年者ＡＢＣ	親権者は、未成年者を代理できない。 未成年者ＡＢＣ各別に、別個の特別代理人を選任しなければならない。	昭30・6・18民事甲1264〖先例8〗（31頁） 昭36・3・24民事甲728〖先例9〗（31頁）
相続権ない親権者と未成年者ＡＢＣ	親権者は、未成年者1人を代理できる。 他の未成年者については、各別に、別個の特別代理人を選任しなければならない。	最判昭49・7・22家月27・2・69【判例6】（39頁）

第2章　未成年者と親権者

〚先例8〛昭30・6・18民甲1264（同一親権に服する子の遺産分割協議）

［要旨］

　同一親権に服する数人の未成年の子が遺産分割協議をするためには、未成年の子1人ごとに異なる特別代理人を選任することを要する。

［照会］

　親権者とその親権に服する数人の子とが遺産分割の協議をなす場合には、利益相反行為となるので、子のために特別代理人の選任を必要としますが、この場合親権に服する子1人毎に各人格の異る特別代理人（同一人でないもの）を選任しなければならないものと考えますが、如何でしょうか。

　若しそうだとすれば親権に服する数人の子全員のため特別代理人1名を選任しその遺産分割の協議をなし、これに基く所有権移転登記申請があった場合、その申請を却下して差支えありませんか。

［回答］

　親権者とその親権に服する数人の子とが遺産分割の協議をする場合における特別代理人の選任については、貴見のとおり解すべきである。

　したがって、所問後段の場合における登記の申請は、不動産登記法第49条第8号（現行不動産登記法25条9号）の規定により却下すべきものと考える。

〚先例9〛昭36・3・24民甲728（未成年者ごとに特別代理人を選任）

［要旨］

　共同相続人中に数名の未成年者が存する場合において、共同相続人の1人である親権者を交えて遺産分割の協議をするときは、その数名の未成年者1人ごとに各別に特別代理人を選任することを要する。

［照会］

別紙遺産分割契約書を添付して相続人を甲（5名）とする相続登記の申請がありましたが、うち未成年者2名につき各特別代理人の選任をなさずしてなされたものであって、該登記申請は受理できないと考えますが、本件は親権者とその未成年の子の間においてなんら分割の協議がなされていないから、特別代理人の選任の要がないとの反対意見があって、決し兼ねますので至急電報をもって何分の御指示をお願いします。
（別紙）（筆者注：筆者において実名をA・B等に変更している）

相続財産分割契約書

　B、C、D、B_1、B_2、を甲とし、Eを乙として、甲、乙間において亡Aの遺産分割契約を左のとおり締結する。

第1条　Aの遺産を法定相続分に従い、乙に対し金1,184,664円相当分を、甲に対してその余の遺産をそれぞれ分割する。

第2条　右乙の相続分は別紙第2目録記載の株式2,400株を以て之にあて、甲の相続分は別紙第1目録記載の不動産並びに本書に記載されていないその余の財産を以て之にあてることとする。

第3条　右株式は1株の金額を600円と算定する。

　前記契約の証として本書2通を作成し、甲、乙各各1通を保有するものとする。

　　昭和34年12月21日
　　　　　　　右甲　　　　　　C
　　　　　　　　　　　　　　　D
　　　　　　　　　　　　　　　B_1
　　　　　　　　　　　　　　　B_2
　　　　　　　右2名法定代理人兼本人
　　　　　　　　　　　　　　　B
　　　　　　　右乙　　　　　　E
　　　　　　　右法定代理人　　F
　　　　　　　右乙代理人弁護士　G

第2章　未成年者と親権者

[回答]

　貴見のとおりと考える。＊5

＊5　遺産分割の協議の結果の如何を問わず、分割の協議をなすこと自体において特別代理人の選任を必要とするから、本件の遺産分割の協議においても、未成年の共同相続人の各人のために、各別に特別代理人の選任を必要とする。遺産分割協議は、共同相続人全員の一致によって行われるべきものであるから、甲グループを構成する共同相続人の間においても、協議がなされているものと見るべきである（先例解説総覧420頁）。本件契約書には、「右2名法定代理人兼本人」とあり、民法826条1項に該当する。

〘先例10〙昭34・11・30民甲2738（未成年者ごとに特別代理人を選任）
　　　　　（注：他人の債務に対する担保提供は、利益相反行為とならない〘先例1〙（16頁）、〘先例2〙（17頁））

[要旨]

　他人の債務につき、親権者とその親権に服する数人の子が、ともに物上保証人となる抵当権設定登記について、親権者と、その親権に服する未成年の子全員のために選任された1名の特別代理人からの申請は、受理すべきでない。各未成年の子ごとに特別代理人の選任を要する。

[照会]

　他人の債務につき、親権者とその親権に服する数名の未成年の子が、ともに物上保証人となる抵当権設定の登記について、親権者とその親権に服する未成年の子全員のために選任された1名の特別代理人から申請がありましたが、昭和33年4月4日民事甲第715号民事局長通達の趣旨により受理すべきでないと考えますが、いささか疑義がありますから、至急何分の御回示方お願いします。

[回答]

　貴見のとおりと考える（不動産登記法第49条第8号（現行不動産登記法25条9号）参照）。

〚先例11〛昭46・9・8民甲2942（特別代理人）
［要旨］
　相続人である配偶者乙、長男丙および丙・丁（丙の配偶者）の子である受遺者A・B・C（いずれも未成年）において遺産分割協議をする場合、Aについては丙の配偶者でA・B・Cの親権者母丁をして代理権を専行させ、B・Cについては特別代理人B′とC′を選任するときは、丁はB・Cに対して法定代理権を行使し得ず、特別代理人B′とC′においてB・Cの代理権を専行し得る。

［照会］
　被相続人甲には相続人として配偶者乙及び長男丙があるところ、遺言により丙の子供3人A・B・C（いずれも未成年）に遺贈が行なわれていたので、乙・丙・A・B・Cにおいて遺産分割協議をすることになったのであるが、丙とA・B・C間において利益相反することから大阪家庭裁判所にA・B・Cについての特別代理人の選任を申立てたところ裁判所はAについては丙の配偶者でA・B・Cの親権者母丁をして代理権を専行させる趣旨でB・Cにつき特別代理人B′・C′を選任したので、乙・丙・丁・B′・C′協議の上遺産分割協議書を作成し、これに基づいて不動産の移転登記申請手続をなした。
　この申請に対し大阪法務局管内の法務局支局、出張所等ではいずれも受理され手続を終えたのであるが、名古屋法務局においては、本件はA・B・C間においても利益相反するところ丁はAのみならずB・Cに対しても法定代理権を有するのでAの代理人として権限を専行するときは、B・Cとも利益相反を生ずることになるから右丁との関係でB・Cのために更に特別代理人B″・C″を選任し、乙・丙・丁・B′・B″・C′・C″間で遺産分割協議をする必要があり、それを欠く本件分割協議は無効で登記申請には応じられないとして受理を却下されたものである。
　特別代理人の代理権行使については、専行説、共同説等があるが（最

高裁判所判例解説民事篇35年度版44頁以下)(後掲の(筆者注)を参照)、本件において裁判所がB・Cにつき特別代理人B′・C′を選任した以上は、丁はB・Cに対して法定代理権を行使し得ず、B′・C′においてB・Cの代理権を専行し得るものと解するのが相当と思われるがその適否について御教示御回答を賜りたい。

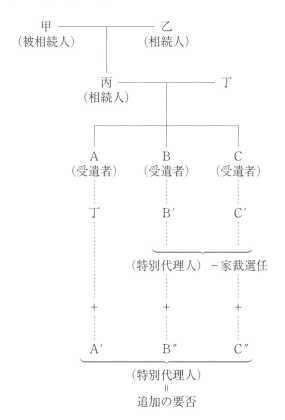

[回答]

　Aについて特別代理人の選任を要するが、B及びCについての特別代理人はB′及びC′のみで足りるものと考えます。[*6]

　(筆者注)　最高裁判所判例解説民事篇昭和35年度版44頁以下で述べられている「専行説、共同説等」とは、次のとおりである。

① 単独行使説＝利益相反行為にならない共同親権者の一方のみが、未成年の子を代理するとする説。
② 専行説＝特別代理人のみが未成年の子を代理するとする説。
③ 共同行使説＝利益相反行為にならない共同親権者の一方と特別代理人とが、未成年の子を代理するとする説。先例は、この共同行使説の立場を採っている（〚先例8〛(31頁)、〚先例10〛(33頁)）。

＊6① 本件照会にある「遺贈」は、「包括遺贈」である（登先123・1）。
② 本件事案は、丙と丁がその未成年の子Ａ・Ｂ・Ｃに対して共同親権を行使している場合に、遺産分割協議について丙とＡ・Ｂ・Ｃとが利益相反関係になるが、このような場合でも丙の配偶者丁はＡについて代理権を専行行使できるかという問題を持っている。民法826条の1項と2項とがからみあっているといえる。2項だけのケースではない（登先123・1）。

〚登研140・45〛
［要旨］
親権者甲が自己の債務の担保として、甲および未成年の子乙、丙が共有する不動産について抵当権設定契約をする場合は利益相反行為になるが、乙、丙間では利益が相反することにはならないので、乙、丙のために各別に特別代理人を選任する必要はない。

(二) 判例

① 民法826条2項所定の利益相反行為とは、行為の客観的性質上数人の子ら相互間に利害の対立を生ずるおそれのあるものを指称するのであって、その行為の結果、現実にその子らの間に利害の対立を生ずるか否かは問わないとされている（〖判例6〗(39頁)）。

例えば、共同相続人中に未成年者Ａ・Ｂがある場合に、Ａ・

Bの親権者がその2名を代理して他の共同相続人と遺産分割協議をした結果、未成年者A・Bの両名は何も財産を取得しなかったとしても、親権者の行為は民法826条2項の規定に違反し、かかる遺産分割協議は、被代理人A・B全員による追認がない限り無効である（【判例7】(40頁)）。

［参考：特別代理人の数］

共同相続人中に数名の未成年者が存する場合において、共同相続人の1人である親権者を交えて遺産分割の協議をするときは、数名の未成年者1人ごとに各別に特別代理人を選任することを要する〚先例8〛(31頁)。

［参考：未成年者の追認時期］

未成年者は、成年に達した時は、その法定代理人がなした無効な行為を、自ら追認することができる（民124①）。

② 特別代理人は、親権者と利益相反行為となる未成年の子ごとに、各別の特別代理人を選任しなければならない（〚先例8〛、〚先例9〛(31頁)）。ただし、共同相続人中の数人の未成年者が、相続権を有しない1人の親権者の親権に服するときは、親権者によって代理される未成年の子1人を除くその余の未成年者については、各別に選任された特別代理人がその各人を代理して遺産分割の協議に加わることを要する。もし、1人の親権者が数人の未成年者の法定代理人として代理行為をしたときは、被代理人全員につき民法826条2項に違反し、かかる代理行為によって成立した遺産分割の協議は、被代理人全員による追認がないかぎり、無効である（【判例6】(39頁)）。

［親権者に相続権がない例］

1．親権者の相続の放棄

被相続人　配偶者
　　　　　　親権者

　　　　　　　放棄

　　　A　　　B
　　未成年　未成年

2．代襲相続

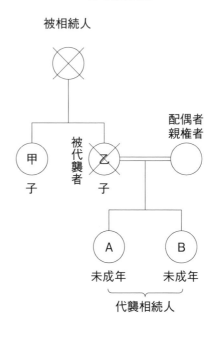

3．婚姻外の女性

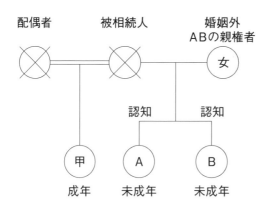

第2章　未成年者と親権者

<遺産分割協議が有効な例>

遺産分割協議の当事者	
［親権者に相続権がない例］の図1.～3.	
未成年の子A	相続権のない親権者がAを代理
未成年の子B	特別代理人がBを代理

<遺産分割協議が無効な例>

遺産分割協議の当事者	
［親権者に相続権がない例］の図1.～3.	
未成年の子A	相続権のない親権者がAを代理
未成年の子B	相続権のない親権者がBを代理

【判例6】最判昭49・7・22家月27・2・69（親権者が数人の未成年の子を代理した遺産分割協議）

「民法826条2項所定の利益相反行為とは、行為の客観的性質上数人の子ら相互間に利害の対立を生ずるおそれのあるものを指称するのであって、その行為の結果現実にその子らの間に利害の対立を生ずるか否かは問わないものと解すべきであるところ、遺産分割の協議は、その行為の客観的性質上相続人相互間に利害の対立を生ずるおそれのある行為と認められるから、前記条項の適用上は、利益相反行為に該当するものといわなければならない。したがって、共同相続人中の数人の未成年者が、相続権を有しない1人の親権者の親権に服するときは、右未成年者らのうち当該親権者によって代理される1人の者を除くその余の未成年者については、各別に選任された特別代理人がその各人を代理して遺産分割の協議に加わることを要するのであって、もし1人の親権者が数人の未成年者の法定代理人として代理行為をしたときは、被代理人全員につき前記条項に違反するものというべきであり、かかる代理行為によって成立した遺産分割の協議は、被代理人全員に

よる追認がないかぎり、無効であるといわなければならない」(傍線は筆者)。

【判例7】最判昭48・4・24集民109・183（親権者が数人の未成年の子を代理した遺産分割協議）
　親権者が共同相続人である数人の子を代理して遺産分割の協議をすることは、かりに親権者において数人の子のいずれに対しても衡平を欠く意図がなく、親権者の代理行為の結果数人の子の間に利害の対立が現実化されていなかったとしても、同条2項（筆者注：民法826条2項）所定の利益相反する行為にあたるから、親権者が共同相続人である数人の子を代理してした遺産分割の協議は、追認のないかぎり無効であると解すべきである。

【判例8】大決昭5・11・12新聞3208・9（親権者の代理）
　未成年の子相互間でのみ利益相反行為となるときは、未成年の子1人については親権者が代理し、ほかの未成年の子については、それぞれ特別代理人を選任すればよい。

(4) 特別代理人の数

　特別代理人の数については(2)(3)の先例・判例で見てきたが、要約すると次のようになる。
　① 共同親権者の一方と未成年の子1人とが利益相反となる場合は、特別代理人1人の選任を要し、その特別代理人と利益相反とならない他方の親権者とが、未成年の子を代理する（〚先例5〛(26頁)、〚先例6〛(26頁)、〚先例7〛(27頁)）。
　② 特別代理人は、親権者と利害が対立する未成年の子ごとに、

1人を選任する（民826①参照）。

　例えば、相続権がある親権者と未成年の子AおよびBとの間で遺産分割協議をする場合は、AおよびBのために、各別の特別代理人を選任しなければならない（〖先例9〗(31頁)）。

③　親権者と未成年の子との間で利害関係はないが、数人の未成年の子の間で利害が対立する場合は、未成年の子ごとに各別の特別代理人を選任しなければならない（民826②参照）。

　例えば、共同相続人中の数人の未成年者が、相続権を有しない1人の親権者の親権に服するときは、右未成年者らのうち当該親権者によって代理される1人の者を除くその余の未成年者については、各別に選任された特別代理人がその各人を代理して遺産分割の協議に加わることを要する（【判例6】(39頁)）。

④　親権者Aが自己の債務の担保として、Aおよび未成年の子BC共有の不動産に抵当権を設定する行為は利益相反行為になるが、BCのため各別に特別代理人を選任する必要はない（登研140・45）。この場合は、未成年者BとCとの間で利益が相反することにならないので、BCのため各別に異なる特別代理人を選任する必要はなく、1名の特別代理人がBCを代表することができる（家事事件の申立書式と手続139頁。民法826条2項は、「親権を行う者が数人の子に対して親権を行う場合において、その1人と他の子との利益が相反する行為については」特別代理人の選任の請求をしなければならないとしている。）。

(5)　**特別代理人の権限**

（一）　権限（代理）

　民法上、特別代理人の権限を定めた条項はない。特別代理人は、親権者や未成年後見人等の包括的な代理人ではなく、特定

の行為について個別的に選任される代理人であり、その権限は、家庭裁判所の選任に関する審判の趣旨によって定まる（判例先例相続法Ⅲ429頁）。

　特別代理人の権限について、かつて、判例では、反証のない限り未成年者のために訴訟上および民法上の行為をなす権限を有するものと広く解し（【判例9】）、【判例10】は、家庭裁判所が特別代理人選任の審判をしたときは、これに被担保債権の金額を表示しない場合でも、特別代理人は根抵当権を含む抵当権の設定について授権されたものと解するのが相当であるとしていた。

　しかし、現在では、特別代理人の権限を限定的にとらえており、特別代理人は親権者と未成年者との間に利益相反の関係がある場合に親権者に代わる未成年者の臨時的保護者として選任されるもので、当該行為に関する限りにおいて未成年者の親権者と同様の地位を付与されるにすぎないと解されている（【判例11】(43頁)）。抵当権設定をするために選任された特別代理人は、代物弁済予約および停止条件付賃貸借契約の締結権限は有しないとする裁判例がある（【判例12】(44頁)）。

【判例9】　大判昭10・11・14新聞3922・8（特別代理人の権限）
　「民法第888条に依り選任せられたる特別代理人は反証なき限り未成年者の為に訴訟上及民法上の行為を為すの権限を有するものと推認すべきもの」。

【判例10】　最判昭37・2・6家月14・5・131（被担保債権の金額を表示しない選任審判）
　「本人所有名義の不動産について本人の親権者が自己の特定の債務

第2章　未成年者と親権者

を担保するためなした申立を容れ、家庭裁判所が親権者の右債務を担保するため本人所有の不動産に抵当権を設定するについてある者を本人の特別代理人として選任する旨の審判をしたときは、これに右被担保債権の金額を表示しない場合でも、右特別代理人は根抵当権を含む抵当権の設定について授権されたものと解するのが相当である。原判決の確定した事実の趣旨は、当時未成年者であった上告人所有の本件不動産について上告人の親権者である訴外A、同Bがその判示訴外亡Cに対する債務を担保するためにした申立により、判示家庭裁判所は右両名の債務の担保として本件上告人所有不動産に抵当権を設定するについて訴外Dを上告人の特別代理人に選任する旨の審判をしたというのであるから、右Dは右審判により根抵当権をも設定する権限を有するものというべきである。」

【判例11】 最判昭57・11・18民集36・11・2274（特別代理人の権限）
「家庭裁判所が民法826条1項の規定に基づいて選任した特別代理人と未成年者との間に利益相反の関係がある場合には、特別代理人は選任の審判によって付与された権限を行使することができず、これを行使しても無権代理行為として新たに選任された特別代理人又は成年に達した本人の追認がない限り無効である、と解するのが相当である。けだし、特別代理人は親権者と未成年者との間に利益相反の関係がある場合に親権者に代わる未成年者の臨時的保護者として選任されるもので、右選任は、特別代理人に対し当該行為に関する限りにおいて未成年者の親権者と同様の地位を付与するものにとどまり、右行為につき事情のいかんを問わず有効に未成年者を代理しうる権限を確定的に付与する効果まで生ずるものではなく、したがって、右のようにして選任された特別代理人と未成年者との間に利益相反の関係がある場合には、右特別代理人についても親権の制限に関する民法826条1項の規定が類推適用されるものと解すべきだからである」。

【判例12】 大阪高判昭43・5・24判タ222・172（特別代理人の権限）

「大阪家庭裁判所においてAが第一審被告から金150万円を借り入れるについてその債務の担保としてみぎ第二物件に抵当権を設定するについての特別代理人に、訴外Bが選任されたことは当事者間に争いがない。第一審被告はこれによってみぎ代物弁済の予約について特別代理人を選任しないで親権者が締結した瑕疵は補正されたと主張するが、抵当権設定についての特別代理人の選任によって当然に代物弁済の予約についての瑕疵が補正されると解すべき根拠はない。また第一審被告は特別代理人BがAのみぎ代物弁済予約についての無権代理行為を追認したと主張するが、これを認めるに足りる証拠がないばかりか、仮に追認したとしても、BにはCを代理して抵当権を設定する権限しか与えられておらず、代物弁済予約および停止条件付賃貸借契約の締結権限は与えられていなかったから、みぎ追認はなんらの効力もない。」

（二）　権限（同意）

　　　利益相反行為が禁止されるのは、親権者が未成年の子を代理して法律行為を行う場合だけに限られず、親権者との関係で利益相反行為となる法律行為を未成年の子が行うことについて親権者が同意を与える場合も含まれる。利益相反行為となる法律行為について親権者が与えた同意には効力がなく、未成年の子の行為は親権者の有効な同意を欠く行為となり、取り消しうる（内田・親族相続233頁）。特別代理人は、親権者と未成年の子とが利益相反行為となる場合には、利益相反する行為について未成年の子を代理するか、または意思能力[*7]ある未成年の子が当該行為をすることにつき同意を与える権限を有する。

*7① 意思能力とは、自己の行為の法的な結果を認識・判断することができる能力をいう。例えば、買主として売買契約を締結すると、買った物の所有権を取得する代わりにその代金を支払う義務が生じることを認識することができる能力をいう。行為の種類・内容によっても異なるが、おおよそ7歳から10歳の子供の判断能力であるとする見解がある（四宮＝能見・民法総則30頁）。
② 意思能力の有無については、意思能力が自己の行為の結果を普通に判断する能力であるから、一律に年齢で定めることができないが、7歳の子供に、意思能力を認めた裁判例も見られる（東京地判大3・10・14）。一般的には、14、15歳をもって意思能力があるとして取り扱うのが普通のようであり、同程度以上の年齢の未成年者が、自ら登記の申請をしている場合には、意思能力があるとみてよいであろう」（不動産登記入門115頁）。

（三） 後見人の規定の類推適用

　特定の法律行為について後見人と被後見人とが利益相反する場合において、後見監督人がないときは、特別代理人を選任しなければならないとされている（民860・826）。このように、特別代理人は、後見人と被後見人との利益相反行為に関する限り、後見監督人と同様の権限を有する保護機関であるということができる。民法852条において後見監督人について準用されている後見人に関する規定（例示：後掲①～③）は、その性質上類推適用の可能性のないもの（後掲③）を除き、基本的にはいずれも特別代理人について類推適用される（新成年後見制度の解説196頁）。

① 善管注意義務（民644・654・655）、辞任・解任・欠格事由（民844・846・847）、後見事務の費用（民861②）等
② 特別代理人の報酬（民861の類推適用）
③ 成年被後見人が数人ある場合の権限の行使等（民859の2）

(四) 選任審判で示された権限の範囲を超える行為

特別代理人が審判で示された権限の範囲を超える行為は無権代理行為となり、未成年者にその行為は及ばないとする裁判例がある（【判例13】）。特別代理人選任の審判書には、未成年者所有の不動産3筆に対し、極度額800万円の根抵当権を設定する旨の記載がある場合に、そのうちの2筆に対し、極度額500万円の根抵当権を設定する旨の登記の申請は受理されない（登研422・103）。なお、利益相反行為であるのにもかかわらず、特別代理人を選任しないで親権者が法律行為を行った場合の効果については(6)を参照。

【判例13】最判昭44・11・18家月22・5・54（特別代理人の権限）
[要旨]
　特別代理人の選任審判によって、その権限を旧債務金50万円および新たに借り受けた金50万円の合計額100万円について未成年の子が連帯債務者となることと定められた場合に、旧債務のみを分離して連帯債務者となることは、特別代理人として権限踰越であり、無権代理行為となる。

---

(6) 特別代理人を選任しないで親権者が利益相反行為を行った場合

(一) 無権代理行為

民法826条の規定に違反して、特別代理人を選任しないで親権者が未成年の子を代理した法律行為の効力については、民法に規定がない。判例は、特別代理人を選任しないでなした親権者の法律行為は無権代理行為として無効であり、未成年の子が成年に達した後に本人（当該未成年であった者）が追認することで有効になるとしている（【判例14】(47頁)、【判例15】(47頁)）。

第2章　未成年者と親権者

【判例14】最判昭48・4・24集民109・183（親権者が数人の未成年の子を代理した遺産分割協議と追認）

「民法826条所定の利益相反する行為にあたるか否かは、当該行為の外形で決すべきであつて、親権者の意図やその行為の実質的な効果を問題とすべきではないので（略）、親権者が共同相続人である数人の子を代理して遺産分割の協議をすることは、かりに親権者において数人の子のいずれに対しても衡平を欠く意図がなく、親権者の代理行為の結果数人の子の間に利害の対立が現実化されていなかつたとしても、同条2項所定の利益相反する行為にあたるから、親権者が共同相続人である数人の子を代理してした遺産分割の協議は、追認のないかぎり無効であると解すべきである。」

【判例15】最判昭49・7・22家月27・2・69（親権者が数人の未成年の子を代理した遺産分割協議と追認）

「共同相続人中の数人の未成年者が、相続権を有しない1人の親権者の親権に服するときは、右未成年者らのうち当該親権者によって代理される1人の者を除くその余の未成年者については、各別に選任された特別代理人がその各人を代理して遺産分割の協議に加わることを要するのであって、もし1人の親権者が数人の未成年者の法定代理人として代理行為をしたときは、被代理人全員につき前記条項に違反するものというべきであり、かかる代理行為によって成立した遺産分割の協議は、被代理人全員による追認がないかぎり、無効であるといわなければならない」。

（二）　特別代理人による追認

　　選任された特別代理人と未成年者との間に、利益相反の関係

がある場合には、特別代理人は、選任の審判によって付与された権限を行使することができない。仮に、選任の審判によって付与された権限を行使しても無権代理行為となる。この場合には、後に、新たに選任された特別代理人または成年に達した本人の追認がない限り、当該利益相反行為は無効である（【判例16】）。

【判例16】　最判昭57・11・26民集36・11・2296（特別代理人の利益相反行為と追認）

「特別代理人は、親権者と未成年者との間に利益相反の関係がある場合に、親権者に代わる未成年者の臨時的保護者として家庭裁判所によって選任されるものであるから、右のようにして選任された特別代理人と未成年者との間に別に利益相反の関係がある場合には、親権の制限に関する民法826条1項の規定が類推適用され、特別代理人は、選任の審判によって付与された権限を行使することができず、仮にこれを行使しても無権代理行為として新たに選任された特別代理人又は成年に達した本人の追認がない限り無効である」。

(7)　特別代理人の資格の消滅

　特別代理人の資格は、次の場合に消滅する。

① 　任務の終了

　特別代理人は、親権者と未成年者との間に利益相反の関係がある場合に、親権者に代わる未成年者の臨時的保護者として家庭裁判所によって選任されるものであり（【判例16】）、常置的機関でないから、家庭裁判所による選任の審判で表示された事件について、未成年者のために必要な行為が完了したときは、任務が終了し、特別代理人の資格を失う（〚先例12〛(50頁)）。

第2章　未成年者と親権者

② 辞任

特別代理人は、正当な事由があるときは、家庭裁判所の許可を得て、その任務を辞任することができると解される（民852・844参照）。

［参考］　特定の法律行為について後見人と被後見人とが利益相反する場合において、後見監督人がないときは、特別代理人を選任しなければならないとされている（民860・826）。このように、特別代理人は、後見人と被後見人との利益相反行為に関する限り、後見監督人と同様の権限を有する保護機関であるということができる。民法852条において後見監督人について準用されている後見人に関する規定は、その性質上類推適用の可能性のないものを除き、基本的にはいずれも特別代理人について類推適用される（45頁(三)を参照。新成年後見制度の解説196頁・197頁）。

③ 解任

特別代理人に不正な行為、著しい不行跡その他任務に適しない事由があるときは、家庭裁判所は、これを解任することができると解される（②の［参考］、民852・846参照）。

④ 未成年者と利益相反行為となる場合

判例は、「特別代理人と未成年者との間に別に利益相反の関係がある場合には、親権の制限に関する民法826条1項の規定が類推適用され、特別代理人は、選任の審判によって付与された権限を行使することができず、仮にこれを行使しても無権代理行為として新たに選任された特別代理人又は成年に達した本人の追認がない限り無効である」としている（【判例16】(48頁)）。

⑤ 代理権消滅事由の発生

未成年者本人の死亡、特別代理人の死亡または特別代理人が破産手続開始の決定もしくは後見開始の審判を受けたことにより消滅する（民111①）。

〚先例12〛昭23・4・20民甲208
［照会］
民法第826条の規定によって選任した特別代理人の資格は其の行為が終ったときに消滅するか、又は未成年の子が成年に達する迄継続するか。
［回答］
前段貴見の通り。

6　未成年者・親権者間の利益相反行為の例

不動産を目的とする未成年者と親権者間または同一親権者に服する未成年者間における法律行為が利益相反行為となるか否かを、次に例示する。

(1)　所有権移転・所有権抹消

（一）　売買

① 未成年者所有の不動産を親権者である父に売り渡す行為は、利益相反行為になる（〚先例13〛(52頁)）。

② 未成年者の財産を親権者に譲渡する行為は、対価の支払いの有無にかかわらず、常に利益相反行為となる（判例先例親族法Ⅲ390頁）。

③ 親権者が未成年者と共有の不動産を、自己の持分と共に未成年者に代ってその持分を同時に売却する行為は、利益相反行為に該当しない（〚先例14〛(52頁)）。

[参考]　親権を行う者は、子の財産を管理し、かつ、その財産に関する法律行為についてその子を代表する（ただし、その子の行為を目的とする債務を生ずべき場合には、本人の同意を得なければならない。）（民824）。親権者が子の財産を管理するのであるから、子の土地を使用収益するについて子と交渉する必要はない（大判大15・10・12新聞2631・15）。「財産に関する法律行為」には、狭義の財産管理として行われる法律行為はもとより、子の財産上の地位に変動を及ぼす一切の法律行為（売却・贈与・第三者のための地上権の設定・借財および抵当権の設定など）が含まれる（基本法コンメンタール親族217頁〔田中通裕〕）。

④　親権者が複数の未成年の子と共有の不動産を、自己の持分と共に未成年の子に代ってその持分を同時に売却する行為は、利益相反行為に該当しないので、2人目以下の子について特別代理人を選任する必要はない（登先317・77）。

⑤　未成年者とその親権者である父親が共有する不動産を、父親が自己の持分と共に、未成年者の持分についてはその法定代理人として、父親が代表取締役である株式会社に売却する行為は、民法826条1項の利益相反行為に該当しない（登研519・187、〚先例2〛（17頁）参照）。

⑥　親権者Bが未成年の子Cに買主の地位を譲渡した場合〜AB間で売買契約を締結後、所有権移転前に、親権者B（親権者はBのみ）が未成年の子Cに買主の地位を譲渡したときは利益相反行為になり、特別代理人の選任を要する（登研741・139）。この場合は、親権者が未成年の子に債務（売買代金の支払い）を負わせることになるからである。

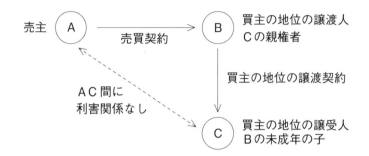

〚先例13〛昭23・9・18民甲3006（未成年者から父への売却）
［照会］
　未成年の子の所有している不動産を父に売買する場合特別代理人を選任せず母が子を代表して差支えないと思料する如何。
［決議］
　特別代理人を選任しなければならない。
［回答］
　貴見の通り取扱ってさしつかえないものと考える。なお、第2問（筆者注：上記の［照会］）については、特別代理人が母と共同して当該行為をするものと解する。

〚先例14〛昭23・11・5民甲2135（未成年者と親権者の持分を同時に売却）
［照会］
　親権者が未成年者と共有の不動産を自己の持分と共に未成年者に代って、その持分を同時に売却する行為は民法第826条第1項に所謂利益相反の行為に該当するでしょうか。
［回答］
　利益相反の行為に該当しない。

(二) 贈与
　① 未成年者が親権者より単純に贈与を受けることは、未成年者になんらの不利益がないので、親権者（贈与者）は未成年者（受贈者）を代表して自己と贈与契約をなす権限を有する（大判昭6・11・24民集10・1103）。
　② 親権者が未成年者に不動産を贈与した後も、依然、これに親権者が居住して耕作を続ける旨の負担を伴う契約を締結する行為は、利益相反行為になる（大判昭12・10・18法学7・130）。
　③ 親権者が未成年者に対して負担を付けない贈与をすることは、利益相反行為にならない（大判大9・1・21民録26・9）。
　④ 抵当権設定登記のある親権者所有の不動産を、親権者から未成年の子に贈与する場合には、特別代理人の選任を要しない（登研420・121）。
　　「負担付贈与」とは、受贈者をして一定の給付をするべき債務を負担させる贈与契約であるから、贈与に係る不動産に抵当権が設定されていても、それによって負担付贈与となるわけではない（コンメンタール契約法140頁、登研83・44）。
　⑤ 未成年者が、親権者父母を債務者として抵当権（根抵当権を含む。）設定登記のされている第三者所有の不動産の贈与を受ける場合は、利益相反行為に該当しないので特別代理人の選任を要しない（登研454・131）。
　⑥ 「錯誤」を原因とする親権者から未成年者に対する贈与による所有権移転登記の抹消は、利益相反行為に該当しないので特別代理人の選任は不要である（登研463・84）。

(三) 代物弁済
　① 親権者の債務の代物弁済として未成年者所有の不動産を債権者に譲渡する行為は、未成年者が親権者の事業により生活

上の利益を得ているとしても利益相反行為になる（最判昭35・2・25民集14・2・279、この第一審新潟地高田支判昭31・3・5下民集7・3・505および第二審東京高判昭33・6・17判タ83・43参照）。

② 未成年者の親権者がその情婦との関係を絶つために絶縁料を給付することを約したが、その債務の履行に代わる趣旨の下に、親権者が未成年者を代理して未成年者所有の土地を譲渡する契約は、利益相反行為に該当する（大判昭13・3・5判決全集5・6・21）。

(四) 共有物分割

① 親権者と未成年者との共有物件A・Bを共有物分割する行為は、利益相反行為に該当する（名法・登記情報19号211頁）。

② 未成年者と後見人との共有土地につき分筆登記を完了し、共有物分割により各々単独とする場合は、利益相反行為に該当する（名法・登記情報19号228頁）。

(五) 錯誤・真正な登記名義の回復

① 「錯誤」を原因として親権者から未成年者に対する贈与による所有権移転登記の抹消は、利益相反行為に該当しない（登研463・84）。

② 父、母および未成年の子3名の共有名義で所有権保存登記（持分各3分の1）がしてある場合に、登記原因を錯誤として父持分を3分の2、母持分を3分の1とする旨の所有権更正の登記申請は、父と未成年の子間における利益相反行為に該当しない（登研376・88）。

③ 親権者持分3分の1、未成年者3分の2とある登記を、各2分の1とする更正は、利益相反行為に該当しない（名法・登記情報17号202頁）。

④　未成年者名義の不動産を、「真正な登記名義の回復」を原因として親権者に所有権移転をする行為は、利益相反行為に該当しない（登研244・68）。

(2) 共有持分の放棄

　母とその親権に服する未成年の子数人の共有不動産につき、未成年の子の持分を放棄するには特別代理人の選任を要しないが、家庭裁判所において特別代理人を審判で選任した場合には、その審判は当然には無効でなく、特別代理人による持分の放棄も有効である（昭35・12・23民甲3239、〖**先例16**〗（59頁）参照）。

　［参考1］　既に相続放棄をしている親権者母が、共同相続人である未成年者甲乙のうち甲の相続を放棄するについては、特別代理人の選任を要しない。ただし、家庭裁判所で甲のために特別代理人を選任し、その特別代理人が甲の相続を放棄し、乙のために相続による所有権移転登記の申請がされたときは、その申請は受理してさしつかえない（昭25・4・27民甲1021）。

　［参考2］　相続の放棄が利益相反行為になる場合があるとした判例がある（【**判例17**】（58頁））。

(3) 相続

　（一）遺産分割協議

　　①　親権者とその親権に服する子とが共同相続人である場合、または同一の親権者の親権に服する数人の子が共同相続人である場合において、遺産分割の協議をすることは、利益相反行為になる（〖**先例15**〗（57頁））。

　　　［参考］　親権者とその親権に服する子が遺産分割協議をする場合は、親権に服する子ごとに各別の特別代理人を選任しなければならない（〖**先例8**〗（31頁））。

② 相続人である配偶者乙、長男丙および丙・丁（丙の配偶者）の子である受遺者A・B・C（いずれも未成年）において遺産分割協議をする場合、Aについては丙の配偶者でA・B・Cの親権者母丁をして代理権を専行させ、B・Cについては特別代理人B′とC′を選任するときは、丁はB・Cに対して法定代理権を行使し得ず、特別代理人B′とC′においてB・Cの代理権を専行し得る（昭46・9・8民甲2942。先例の全文は『**先例11**』（34頁）参照）。

③ Aにつき相続が開始し、先妻との子B、後妻Cとの間に未成年者Dがあり、後妻Cが相続放棄をした場合、後妻Cが未成年者Dの法定代理人として先妻の子Bとの間に遺産分割協議をするには、特別代理人の選任を要しない（登研118・44）。

④ 被相続人甲の共同相続人として乙・丙がいたが、遺産分割協議をしないで乙が死亡した。乙の相続人として乙の配偶者Aと未成年の子丁がいる場合において、丙並びに乙の相続人Aおよび丁が「甲の遺産は亡乙が取得する」旨の遺産分割協議をするには、特別代理人の選任を要しない（登研512・157）。

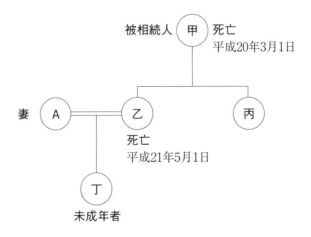

⑤　親権者である母と未成年の子が共に相続人である場合に、母は相続財産の分配を受けないとする遺産分割協議をするときでも、特別代理人の選任を要する（登研459・97）。

⑥　根抵当権の設定者兼債務者であるＡが死亡し、その共同相続人である親権者Ｂと未成年の子Ｃとの間において、親権者Ｂが根抵当権設定物件を相続するとともに根抵当権の指定債務者となる旨の遺産分割協議をすることは、利益相反行為に該当する（登研530・148）。

〚**先例15**〛昭28・4・25民甲697（親権者と未成年者の遺産分割協議）
［照会］
1、2、　（省略）
3、民法第826条の「親権者と子の利益相反行為」は個々の行為により判断すべきものと考えられるが、遺産分割の場合その協議書の内容について「利益相反する行為であるか否か」の判定は登記官吏の審査権に属するや、属するとせば如何なる基準に基き判断すべきか。
［回答］
1、2、　（省略）
3、前段、積極に解すべきである。後段、親権者とその親権に服する子とが共同相続人である場合及び同一の親権者の親権に服する数人の子が共同相読人である場合において、遺産分割の協議をすることは、利益相反行為になる。

（二）　相続の放棄

①　相続人である未成年者に代り、親権を行う母が相続放棄の申述をするには、民法826条2項による特別代理人の選任を要しない。しかし、特別代理人を選任して放棄した場合の登記申請は受理される（昭25・4・27民甲1021）。

ただし、相続の放棄が利益相反行為になる場合があるとした判例がある（【判例17】）。この判例は、大審院明治44年7月10日判決（【判例18】（59頁））を変更している。
② 親権者およびその親権に服する未成年者の両名が共同相続人または共有者である場合に、未成年者の相続分または共有持分を放棄するときは、いずれも特別代理人の選任を要しない（〚先例16〛（59頁）、【判例17】参照。）。

【判例17】最判昭53・2・24民集32・1・98（相続の放棄が利益相反行為になる例）
(イ)＜本判決が、相続の放棄が利益相反行為になるとした例＞
「共同相続人の一部が相続の放棄をすると、その相続に関しては、その者は初めから相続人とならなかったものとみなされ、その結果として相続分の増加する相続人が生ずることになるのであって、相続の放棄をする者とこれによって相続分が増加する者とは利益が相反する関係にあることが明らかであり、また、民法860条によって準用される同法826条は、同法108条とは異なり、適用の対象となる行為を相手方のある行為のみに限定する趣旨であるとは解されないから、相続の放棄が相手方のない単独行為であるということから直ちに民法826条にいう利益相反行為にあたる余地がないと解するのは相当でない」。
(ロ)＜本判決が、相続の放棄が利益相反行為にならないとした例＞
「共同相続人の1人が他の共同相続人の全部又は一部の者を後見している場合において、後見人が被後見人を代理してする相続の放棄は、必ずしも常に利益相反行為にあたるとはいえず、後見人がまずみずからの相続の放棄をしたのちに被後見人全員を代理してその相続の放棄をしたときはもとより、後見人みずからの相続の放棄と被後見人全員を代理してするその相続の放棄が同時にされたと認められるときもまた、その行為の客観的性質からみて、後見人と被後見人との間におい

第2章　未成年者と親権者

ても、被後見人相互間においても、利益相反行為になるとはいえない」。
　（筆者注）　この判決は、「その行為の客観的性質からみて」と述べ、形式的判断説（外形説）を採っている。

【判例18】大判明44・7・10民録17・468（判例変更）
　「相続の承認若くは抛棄の如き相手方なき単独行為は民法第888条に所謂利益相反する行為に非ざるを以て数人の子に対し親権を行ふ父若くは母が遺産相続の抛棄を為すに付ては同条第2項に依る特別代理人の選任を必要とせず」。

〘先例16〙昭35・10・27民甲2659
　［照会］
　親権者及びその親権に服する未成年者の両名が、共同相続人又は共有者であって未成年者の相続分又は共有持分を放棄するときは、いずれも特別代理人の選任を要するものと解してよいか。
　［回答］
　いずれも昭和25年4月27日付民事甲第1021号民事局長通達（筆者注：55頁［参考1］）の趣旨により取扱うべきものと考える。

　（三）　相続分の譲渡
　　①　特別代理人の選任が必要な場合
　　　未成年者Aの相続分の譲渡について、未成年者Aと親権者Bとの間で利益相反行為となり、特別代理人の選任が必要な場合は次の2つだけである（登先313・20）。
　　　（イ）　親権者Bに相続分の譲渡をする場合（民826①参照）
　　　（ロ）　親権者Bの親権に服する他の共同相続人である未成年

者Cに相続分の譲渡をする場合（民826②参照）
② 特別代理人の選任が不要な場合
　（イ）　成年者である他の共同相続人Dに相続分の譲渡をする場合
　（ロ）　共同相続人以外の第三者Eに相続分の譲渡をする場合
（四）　特別受益証明書
① 親権者母が数人の未成年者と共同相続人である場合において、母が相続人中の1人甲にある不動産全部を取得させようとして、他の共同相続人である未成年者と自己の相続分につき、相続権のないことの証明書を作成するについては特別代理人の選任を要しない（〚先例17〛）。
② 親権者が、その親権に服する未成年の子に代って民法903条2項に該当する旨の証明書（特別受益証明書）を作成する行為は、事実行為であって法律行為ではないから、利益相反行為とならない（登研126・43）。

〚先例17〛昭23・12・18民甲95（親権者が未成年者について作成する特別受益証明書）

［照会］
　親権者母が数人の未成年者と共同相続人である相続による所有権移転登記申請に当り親権者たる母が、相続人中の1人である甲に或不動産の所有権全部を取得なさしめんとして、他の共同相続人たる未成年者と自己の相続分に対し民法第903条第2項の規定に基き相続権なきことの証明書を作成し甲1人に相続による所有権移転登記申請があった場合之れが受否につき左記両説がありますが、何れに依るのが正しいでしょうか、目下差掛りたる事件があり又新民法実施に伴い今後此種の事件が多く提出される見込につき至急何分の御指示を願います。

第2章　未成年者と親権者

　　　　　　　　　　記
甲説　特別代理人の選任を要す。
乙説　特別代理人の選任を要しない。
［回答］
　特別代理人の選任を要しないものと考える。右回答する。

(4)　担保権等の設定・保証行為

(一)　未成年者を債務者とする抵当権設定行為

① 親権者が未成年の子を代理して、未成年の子の債務を担保するため、第三者と根抵当権設定契約をするのは利益相反行為ではない（大判大13・6・7新聞2288・18）。

　成年に達しない子は、原則として父母の親権に服する（民818①）。親権には、子の財産に関する管理権や法定代理権が含まれる（注釈民法(25)29頁〔岩志和一郎〕）。

② 未成年者の債務のために親権者が未成年者所有の不動産に抵当権を設定する行為は、当該融資金を親権者自身の用途に供する動機があっても、当該抵当権設定行為自体は何ら親権者と未成年者との間に利益相反する関係を有しない（大判昭8・1・28法学2・1120、同旨大判昭9・12・21新聞3800・8）。

③ 「親権者が子の法定代理人として、子の名において金員を借受け、その債務につき子の所有不動産の上に抵当権を設定することは、仮に借受金を親権者自身の用途に充当する意図であっても、かかる意図のあることのみでは、利益相反行為とはいえない」（最判昭37・10・2民集16・10・2059）。

(二)　親権者を債務者とする抵当権設定行為

① 「親権者自身が金員を借受けるに当り、右債務につき子の所有不動産の上に抵当権を設定することは、仮に右借受金を子の養育費に充当する意図であったとしても、同法条（筆者

注：民法826条）所定の利益相反する行為に当る」（最判昭37・10・2民集16・10・2059）。

　未成年者の不動産に、未成年者を債務者として抵当権を設定することは、親権者において借受金を未成年者の生活維持のよりどころである親権者の営業資金に充てる意図であっても、その行為自体の外形からみると利益相反行為に当たる（最高裁判例解説　昭和37年度379頁〔宮田信夫〕）。判例は、形式的判断説を採っている（11頁(1)を参照）。

② 　「民法826条所定の親権者とその未成年の子との利益が相反する行為とは、単に親権者とその子とが相対立する当事者となってする行為のみに限定されるものではなく、親権者が第三者から金員を借り受けるにあたり、その子が連帯債務を負担し、また、同債務を担保するため、その子の不動産につき、代物弁済の予約、停止条件付賃借権の設定をなし、さらに、右代物弁済の予約完結の意思表示により右不動産の所有権が第三者に移転したことを即決和解または私法上の和解契約において確認するなどの行為をも包含する」（最判昭45・11・24家月23・5・71）。

③ 　未成年者所有の不動産に、親権者を債務者として、親権者が抵当権を設定することは、利益相反行為になる（登研190・72）。

④ 　親権者Aが自己の債務の担保として、Aおよび未成年の子BC共有の不動産に抵当権を設定する行為は利益相反行為になるが、BCのため各別に特別代理人を選任する必要はない（登研140・45）。この場合は、未成年者BとCとの間で利益が相反することにならないので、BCのため各別に異なる特別代理人を選任する必要はなく、1名の特別代理人がBCを代

第2章　未成年者と親権者

表することができる（家事事件の申立書式と手続139頁。民法826条2項は、「親権を行う者が数人の子に対して親権を行う場合において、その1人と他の子との利益が相反する行為については」特別代理人の選任の請求をしなければならないとしている。）。

(三)　第三者を債務者とする抵当権設定行為

① 他人の債務について、親権者とその親権に服する未成年の子が共に物上保証人になることは、利益相反行為に該当しない。なお、家庭裁判所において子のため特別代理人の選任の審判をした場合には、その審判は当然には無効でなく、その特別代理人によってなされた物上保証契約に基づく抵当権設定の登記申請は受理してさしつかえない（〘先例1〙(16頁)。本件先例は、昭33・4・4民甲715（〘先例3〙(18頁)）および昭33・6・13民甲1223（〘先例4〙(18頁)）を変更したものである）。

② 父が代表取締役である会社の債務のため、未成年者所有の不動産について抵当権設定契約をすることは、利益相反行為に該当しない。家庭裁判所が特別代理人の選任の審判をしたときは、特別代理人によってされた物上保証契約に基づく抵当権設定の登記申請は、受理される（〘先例18〙(64頁)参照）。

③ 親権者が、第三者の金銭債務についてみずから連帯保証人となるとともに、未成年の子の代理人としてその債務を担保するため子の所有不動産に抵当権等を設定する行為は、利益相反行為に該当する（最判昭45・12・18集民101・783）。

④ 未成年者の親権者であるAは、第三者の債務について連帯保証をするとともに、未成年者の法定代理人として、未成年者所有の土地につき根抵当権設定契約を締結することは、利益相反行為に該当する（最判昭52・3・31集民120・397）。

⑤ 親権者である母が、未成年者の継父である夫の債務の担保

のため、未成年者の法定代理人として、未成年者所有の不動産に抵当権を設定することは、利益相反行為に当たらない（最判昭35・7・15家月12・10・88）。

⑥　親権者が保証人または連帯保証人である他人の債務を担保するため、未成年者所有の不動産について、未成年者の代理人として抵当権設定登記を申請する行為は、利益相反行為に該当する（登研517・195）。

〖先例18〗昭36・5・10民甲1042（父を代表取締役とする会社が債務者、未成年者が担保提供者）

［照会］
　代表取締役である父がその会社の債務のための担保として親権に服する未成年の子の所有にかかる不動産について抵当権の設定契約をなすことは、利益相反行為に該当するので特別代理人の選任を要するとの昭和32年12月17日付民事甲第2392号民事局長回答（昭和32年11月28日付福岡法務局長よりの公証事務取扱いについての問合せに対するもの）がありますところ、この場合の利益を受ける者は父ではなく、父が代表取締役である会社自体であるから右の物上保証契約は利益相反行為に該当しないとする説もあり、登記事務の取扱いについていささか疑義がありますので、右先例はいまもなお維持さるべきものであるかどうか、何分の御垂示を賜わりたくお伺いいたします。

［回答］
　特別代理人の選任を要しないものと考える。
　なお、家庭裁判所において子のため特別代理人の選任の審判をした場合には、その審判は当然には無効でなく、右特別代理人によってなされた物上保証契約も一応有効と解すべきであるから、当該物上保証契約に基づく抵当権設定の登記申請は、受理すべきものと考える。
　おって、引用の昭和32年12月17日付民事甲第2392号本職回答は、右

によって変更されたものと了知されたい。

(四) 保証、連帯保証
① 未成年の子が親権者の債務につき保証することは、利益相反行為になる（大判昭11・8・7民集15・1630）。
② 親権者が、自己の債務につき未成年者が連帯保証をなすに対して同意することは、利益相反行為になる（東京控判大14・7・1新聞2444・13）。
③ (三)の③④⑥を参照。

(五) 連帯債務
① 親権者甲が、未成年の子乙、丙を連帯債務者として甲、乙、丙共有の不動産に対して抵当権を設定する場合には、特別代理人の選任を要する（〚先例19〛）。
② 親権者が自己のために他人より金銭を借り入れるに当たり、未成年の子に連帯債務を負担させ、その子所有の不動産に抵当権を設定する行為は、利益相反行為になる（大判大3・9・28民録20・690、(二)②参照）。

〚先例19〛 昭33・12・25民三1013（連帯債務者）
［照会］
親権者甲が、未成年の子乙、丙を連帯債務者として甲、乙、丙共有の不動産に対して抵当権設定契約をなす場合には、民法第826条第2項の適用がありますか、折返し指示を請う。
［回答］ 積極に解する。

(六) 親権者による免責的債務引受
未成年者の債務のため未成年者が所有する不動産に抵当権設

定登記をした後、未成年者の親権者が未成年者の債務を引き受け（免責的）債務者変更登記をすることは、利益相反行為にならない（登研205・74）。

(七) その他
① 合名会社の設立

親権者が、未成年の子を代理して、未成年の子とともに合名会社の設立行為をすることは、利益相反行為ではない（大判大6・2・2民録23・186）。

② 公正証書の作成

「未成年者の特別代理人が其権限内に於て締結したる契約を履行し公正證書を作成する如きは原判示の如く未成年者と親権者の利益相反する行為にあらず親権者に於て当然為すべき行為に属す」（大判明40・10・30民録13・1036）。

③ 競売の申立て

親権者が未成年の子と共同して競売を申し立てるのは、利益相反行為にならない（大判昭9・11・27法学4・497）。

④ 債権譲渡

未成年の子が、直接に親権者に対して債権を譲渡する行為は利益相反行為になる（大判昭6・3・9民集10・108）。

⑤ 債権放棄

親権者が未成年の子を代理して、他人に対して有する代金債権を放棄した上で、その他人に親権者の債務の免除を受けるのは利益相反行為となる（大判大10・8・10民録27・1476）。

⑥ 準共有株式の権利行使者の指定

「株式が未成年の子とその親権者を含む数人の共有に属する場合において、親権者が未成年の子を代理して商法203条2項（筆者注：会社法106条）にいう「株主ノ権利ヲ行使スベキ

者」を指定する行為は、その者を親権者自身と指定するときであっても、(筆者注：民法826条の) 利益相反行為にあたるものではない」(最判昭52・11・8民集31・6・847)。

　準共有株式の権利行使者の指定行為の性質は、準共有物の管理行為とみることができる。会社との関係においても、株主は準共有者全員であることに変わりはないし、第三者との関係では、権利行使者は株式の処分権その他なんらの権限を取得するものではない。権利行使者として親権者自身を指定するときであっても、親権者はもともと未成年の子の法定代理人であるから、この指定によって子の利益を害することになるとは考えられない(最高裁判例解説　昭和52年度311頁〔平田浩〕)。

7　特別代理人と未成年者との利益相反行為

(1)　親権者・未成年者間の利益相反行為規定の類推適用

　未成年者とその特別代理人との利益が相反する場合の取り扱いについては、民法に規定がない。

　この点につき、判例は、「特別代理人は、親権者と未成年者との間に利益相反の関係がある場合に、親権者に代わる未成年者の臨時的保護者として家庭裁判所によって選任されるものであるから、右のようにして選任された特別代理人と未成年者との間に別に利益相反の関係がある場合には、親権の制限に関する民法826条1項の規定が類推適用され、特別代理人は、選任の審判によって付与された権限を行使することができず、仮にこれを行使しても無権代理行為として新たに選任された特別代理人又は成年に達した本人の追認がない限り無効である」としている(最判昭57・11・26民集36・11・2296)。

(2) 特別代理人と未成年者との利益相反行為の一事例

特別代理人と未成年者との利益相反行為に関する最高裁昭和57年11月18日判決（民集36・11・2274）の概要は、次のとおりである。

（一）事案

Yは、自己が経営する会社の債務のため、自ら連帯保証人となり所有不動産を担保として提供（代物弁済予約契約）するとともに、未成年者の法定代理人（親権者）として、未成年者所有の不動産を担保として提供（代物弁済予約契約）した。

本件債務につき債務不履行があったので、債権者は担保不動産について所有権移転登記の訴えを提起した。裁判上の和解において、父Yと未成年者との間に利益相反の関係があることが意識され、直ちに家庭裁判所に未成年者のために特別代理人の選任審判が申立てられ、そこで選任された特別代理人Aが未成年者の代理人として右担保提供を追認したが、この特別代理人Aもまた同じ裁判上の和解において未成年者が担保提供をしたのと同一債務につき連帯保証人となり所有不動産を担保として提供していたことから、この特別代理人Aがした追認の効力が争われるに至った。

（二）判決

「家庭裁判所が民法826条1項の規定に基づいて選任した<u>特別代理人と未成年者との間に利益相反の関係がある場合には、特別代理人は選任の審判によって付与された権限を行使することができず、これを行使しても無権代理行為として新たに選任された特別代理人</u>（筆者注：新たに選任された特別代理人B）<u>又は成年に達した本人の追認がない限り無効である</u>、と解するのが相当である。けだし、特別代理人は親権者と未成年者との間に利益相反の関係がある場合に親権者に代わる未成年者の臨時的保護者として選任されるもので、右選任は、特別代理人に対

し当該行為に関する限りにおいて未成年者の親権者と同様の地位を付与するものにとどまり、右行為につき事情のいかんを問わず有効に未成年者を代理しうる権限を確定的に付与する効果まで生ずるものではなく、したがって、右のようにして選任された特別代理人と未成年者との間に利益相反の関係がある場合には、右特別代理人についても親権の制限に関する民法826条1項の規定が類推適用されるものと解すべきだからである」（傍線は筆者）。

8 利益相反行為と不動産登記の申請

(1) 登記の申請人

(一) 親権者または特別代理人からの申請

未成年者を当事者とする不動産の売買行為、遺産分割行為、抵当権設定行為等が、親権者と未成年者との間で利益相反行為に該当するため特別代理人が未成年者を代理して当該行為をした場合、その所有権移転登記または抵当権設定登記等の登記申請は、親権者または特別代理人のいずれから申請しても差し支えない（〚先例20〛。親権者が登記の申請をする場合に、共同親権のときは登記の申請も共同して行う〚先例22〛(71頁))。なお、宗教法人の例ではあるが、類似の事例として259頁(4)を参照。

〚先例20〛 昭32・4・13民三379

［照会］

(イ) 親権者甲とその親権に服する子乙が相続財産中
　　(一) 動産は全部甲
　　(二) 不動産は全部乙
の所有とする旨の遺産分割協議にもとづく所有権移転の登記申請及び

（ロ）甲が債務者となり乙の取得する右不動産を担保としてなされる抵当権設定の登記申請

は民法826条の規定により乙のため選任された特別代理人または親権者甲のいずれからなすべきや、もし前者よりさせるのが相当と解した場合死亡またはその他の事情により申請不能の場合は如何。

［回答］

次のように考える。

記

一、（イ）、（ロ）いずれの場合にも、親権者又は特別代理人のいずれから申請してもさしつかえない。

二、相続による所有権移転の登記を申請する場合には、申請書に、相続を証する書面の一部として遺産分割の協議書及び協議書に署名押印した特別代理人の資格証明書並びにその印鑑証明書を添付すべきであるが、もし、特別代理人が死亡しその印鑑証明書の添付ができないときは、その相続人をして、特別代理人の印鑑に相違ない旨を当該協議書に奥書せしめる等の方法によって証明せしめ、その相続人の相続を証する書面及び印鑑証明書を添付すべきである。

三、遺産分割による所有権移転の登記又は抵当権設定の登記を親権者より申請する場合には、申請書に、必ず特別代理人により遺産分割の協議又は抵当権の設定のなされたことを証する書面を添付すべきである。

（二）　未成年者からの申請

意思能力ある未成年者（44頁(二)＊7を参照）は、自ら登記の申請をすることができる（〚先例21〛(71頁)）。未成年者の法律行為には法定代理人（原則として、父母が婚姻中の場合は父母）の同意を必要とするので、未成年者が法律行為（例：未成年者による売買契約締結）をなし、かつ、これを登記原因（例：売

第2章　未成年者と親権者

買）として登記を申請するには、当該法律行為についての父および母の同意書の添付を必要とする（不登令7①五ハ、〖先例22〗）。

〖先例21〗昭36・1・14民甲20
［照会］
　保証書を提出して登記の申請があった場合の取扱い方について
　標記に関し左記疑義がありますので至急何分の御垂示を賜わりたくお伺いいたします。
記
1、登記義務者が未成年者である場合の不動産登記法（筆者注：旧不動産登記法）第44条ノ2第1項の規定による通知は、親権者が申請代理人の場合はその親権者に、また未成年者本人が申請人である場合は、その未成年者本人に発すべきか。
2、〜4、（省略）
［回答］
　問合せのあった標記の件については、次のように考える。
記
1、貴見のとおり取り扱ってさしつかえない。
2、〜4、（省略）

〖先例22〗昭22・6・23民甲560
　日本国憲法の施行に伴う民法の応急的措置に関する法律（昭和22年4月19日法律第74号）（以下応急措置法という。）が去る5月3日より施行せられたが、同法の施行の下においては、登記原因につき第三者の許可又は同意を要する場合における登記申請に関しては、左記のように取り扱うべきものと考える。右通達する。なお、貴管下登記官吏にも然るべく周知方取り計らわれたい。

記

1、（省略）
2、親権は、応急措置法第6条第1項の規定により父及び母が共同して行うこととなったので、親権者たる父及び母が、未成年者に代わって法律行為をなし、且つ、これを登記原因として登記を申請するには、共同してこれをしなければならないことはいうまでもないが、未成年者の法律行為には法定代理人たる父及び母の同意を必要とするので、未成年者が、法律行為をなし、且つ、これを登記原因として登記を申請するには、当該法律行為についての父及び母の同意書の添付を必要とする。又同条第2項及び第3項の規定により親権者が定まる場合においては、右各項の規定による親権者であることを証する書面が、なお、必要である。
3、（イ）未成年者に対して親権を行う父母がないとき又は親権を行う者が管理権を有しないときは、後見が開始するのであるが、民法（筆者注：昭和22年法律222号改正前の民法＝明治31年法律9号）第901条の規定による後見人の指定がない場合には、親族会において、これを選任する。
　（ロ）子が禁治産の宣告を受けた場合には、その父及び母が、その後見人となる。又妻又は夫が禁治産の宣告を受けた場合には、夫又は妻が、それぞれその後見人となり、当該夫又は妻が後見人となり得ない場合には、禁治産者の父及び母がその後見人となり、当該父母が後見人となり得ない場合には、親族会において、これを選任する。

　以上の場合において、未成年者の法律行為を登記原因として登記を申請する場合には、その添附書面については、第2項後段に準じて取り扱うべきであり、又後見人が被後見人に代わってなした法律行為を登記原因として登記を申請する場合には、後見人たることを証する書面の添附が必要である。なお、民法（筆者注：明治31年法律

9号の旧民法）第929条の規定は、従前の通り適用される。
4、5、（省略）

(2) 添付情報
（一） 特別代理人と添付情報に関する先例
　　　特別代理人がなした法律行為に基づいて、親権者が未成年者の法定代理人として登記の申請をする場合の添付情報につき、先例は次のように述べている（原則的な添付情報（不登令7・別表三十・五十五等添付情報欄）を除く。）。

〖先例23〗昭34・5・4民三72（鹿児島地方法務局管内登記官吏会同決議・民事局長認可）
［照会］
七　民法826条によって選任された特別代理人が為した法律行為に基づく登記を、親権者が未成年者の法定代理人として申請する場合は、特別代理人の選任書及び特別代理人の印鑑証明書の添付を要するか。
［決議］
原則として添付を要する。
民事局変更指示　添付を要する。
なお、所問の未成年者と利益相反する親権者の印鑑証明書を添付することを要しないが、他の親権者は、不動産登記法施行細則第42条第2項の規定により、印鑑証明書の添付を要する。
（筆者注）
　（イ）旧不動産登記法施行細則42条（登記義務者の印鑑証明書の提出）
　　①　所有権ノ登記名義人ガ登記義務者トシテ登記ヲ申請スルトキハ其住所地ノ市町村長又ハ区長ノ作成シタル印鑑ノ証明書ヲ提

出スベシ
② 法定代理人ニ依リテ前項ノ登記ヲ申請スル場合ニハ同項ノ規定ハ其法定代理人ニ付之ヲ適用ス
(ロ) (イ)は、現行不動産登記令16条2項（書面申請における申請情報に記名押印した者の印鑑証明書の添付）または同令18条2項（書面申請における代理権限証明情報に記名押印した者の印鑑証明書の添付）に相当する。

(二) 所有権移転登記・抵当権設定登記と添付情報の例示

未成年者が親権者である父の不動産を購入する場合（未成年者が登記権利者）、および親権者父を債務者として抵当権を設定する場合（未成年者が登記義務者）に、未成年者の特別代理人が売買契約および抵当権設定契約をした後に、それらの登記の申請と併せて提供すべき添付情報を、(一)の〖先例23〗(73頁)に基づいて掲げると次のようになる。

① 未成年者を登記権利者とする所有権移転登記の申請
　　＜登記原因　売買＞
・登記権利者である未成年者に係わる添付情報のみを掲げる。

（ケース1）

登記の申請代理人	特別代理人
添付情報	① 登記原因証明情報 ② 特別代理人選任の審判書 ③ 特別代理人の委任状 ④ 未成年者の住所証明情報

第2章　未成年者と親権者

(ケース2)

登記の申請代理人	特別代理人と親権者母
添付情報	①　登記原因証明情報 ②　特別代理人選任の審判書 ③　特別代理人の委任状 ④　親権者母の親権を証する情報 ⑤　親権者母の委任状 ⑥　未成年者の住所証明情報

(注)　未成年者を登記権利者とする所有権移転登記をするにつき、登記権利者の親権者が申請代理人となる場合において、親権者の本籍と住所が異なっているときは、親権者の住所を証する書面を添付する（登研548・165）。

(ケース3)

登記の申請代理人	親権者父と親権者母
添付情報	①　登記原因証明情報 ②　特別代理人選任の審判書 ③　特別代理人の印鑑証明書 ④　親権者父の親権を証する情報 ⑤　親権者母の親権を証する情報 ⑥　親権者父の委任状 ⑦　親権者母の委任状 ⑧　未成年者の住所証明情報

(注1)　（ケース2）の（注）を参照。
(注2)　特別代理人の印鑑証明書を要する（〚先例23〛(73頁)）。

② 債務者を親権者父・未成年者を登記義務者(設定者)とする抵当権設定登記の申請
＜登記原因　設定＞
・登記義務者である未成年者に係わる添付情報のみを掲げる。

(ケース1)

登記の申請代理人	特別代理人
添付情報	① 登記原因証明情報 ② 特別代理人選任の審判書 ③ 特別代理人の委任状 ④ 特別代理人の印鑑証明書

(ケース2)

登記の申請代理人	特別代理人と親権者母
添付情報	① 登記原因証明情報 ② 特別代理人選任の審判書 ③ 特別代理人の委任状 ④ 特別代理人の印鑑証明書 ⑤ 親権者母の親権を証する情報 ⑥ 親権者母の委任状 ⑦ 親権者母の印鑑証明書

(注)　①　(ケース2)の(注)を参照。

(ケース3)

登記の申請代理人	親権者父と親権者母
添付情報	① 登記原因証明情報 ② 特別代理人選任の審判書 ③ 特別代理人の印鑑証明書 ④ 親権者父の親権を証する情報 ⑤ 親権者母の親権を証する情報 ⑥ 親権者父の委任状 ⑦ 親権者母の委任状 ⑧ 親権者母の印鑑証明書

(注1)　①（ケース2）の(注)を参照。
(注2)　印鑑証明書については〚**先例23**〛（73頁）を参照。

(三)　親権者の親権を証する情報

　　未成年者を登記権利者または登記義務者とする登記の申請をその親権者が行う場合には、「親権者の親権を証する情報」を申請情報と併せて提供しなければならない（不登令7①二）。

　　「親権者の親権を証する情報」とは、当該親権者および未成年者が記載された戸籍謄（抄）本（または戸籍全部事項証明書）が該当する。この戸籍謄（抄）本（または戸籍全部事項証明書）は、作成後3か月以内のものでなければならない（不登令17）。

(四)　登記原因証明情報・委任状の記載例

　○所有権移転登記の登記原因証明情報

　　　・未成年者が買主・親権者父が売主の例
　　　・署名捺印欄のみを掲載

```
（買主）　住所　○市○町○丁目○番地
　　　　（甲）　氏名　A（印鑑不要）
　　　　上記の者未成年者につき
　　　　　住所　○市○町○丁目○番地
　　　　　　特別代理人　氏名　B　㊞
（売主）　住所　○市○町○丁目○番地
　　　　（乙）　氏名　C　　　　㊞
```

○上記登記原因証明情報に係る未成年者についての委任状
　・署名捺印欄のみを掲載
　（イ）　申請代理人が特別代理人の場合

```
住所　○市○町○丁目○番地
　（甲）　氏名　A（印鑑不要）
上記の者未成年者につき
　住所　○市○町○丁目○番地
　　特別代理人　氏名　B　㊞
```

　（ロ）　申請代理人が特別代理人および親権者母の場合

```
住所　○市○町○丁目○番地
　（甲）　氏名　A（印鑑不要）
上記の者未成年者につき
　住所　○市○町○丁目○番地
　　特別代理人　氏名　B　㊞
　住所　○市○町○丁目○番地
　　親権者母　D　㊞
```

第2章　未成年者と親権者

(ハ)　申請代理人が親権者の場合

```
住所　○市○町○丁目○番地
　（甲）　氏名　A（印鑑不要）
上記の者未成年者につき
　住所　○市○町○丁目○番地
　　親権者父　C　㊞
　住所　○市○町○丁目○番地
　　親権者母　D　㊞
```

第3章
未成年者と未成年後見人・未成年後見監督人

第3章　未成年者と未成年後見人・未成年後見監督人

1　後見人・後見監督人の種類・公示
(1)　後見人・後見監督人の種類

　　民法上、後見人は、未成年後見人と成年後見人とに区別される。民法の条文で単に「後見人」という場合は、未成年後見人と成年後見人の両者を指す（民10。区別した使用例として民840・843、区別していない例として民847）。また、後見監督人は、未成年後見監督人と成年後見監督人とに区別され、民法の条文で単に「後見監督人」という場合は、未成年後見監督人と成年後見監督人の両者を指す（民10。区別した使用例として民843・848、区別していない例として民851）。

　　なお、任意後見契約に関する法律では、任意後見人（任意後見2四）および任意後見監督人（任意後見4①）が規定されている。

　　［後見人・後見監督人の種類］

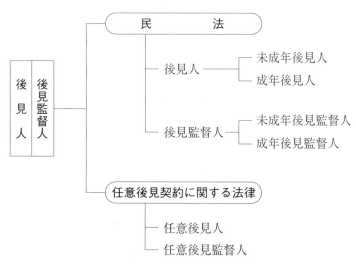

(2) 後見人・後見監督人の公示

（一）　未成年後見人・未成年後見監督人の公示

　　未成年者の後見開始、未成年後見人の辞任・解任・更迭・後見終了、未成年後見監督人の就職・更迭・辞任・解任等の事項は、いずれも、未成年者の戸籍の身分事項欄に記載される（戸規35五）。「後見登記等に関する法律」に規定する後見登記等ファイルに記録されるのではない。

【コンピュータシステムによる証明書記載例】

■未成年後見開始〜未成年者の戸籍/その身分事項欄

未成年者の後見	【未成年後見人就職日】平成23年3月2日
	【未成年者の後見開始事由】親権を行う者がないため（親権を行う者が管理権を有しないため）
	【未成年後見人】甲原孝吉
	【未成年後見人の戸籍】○市○町○番地　甲原忠太郎
	【届出日】平成23年3月3日
	【送付を受けた日】平成23年3月4日
	【受理者】○市○区長

（二）　成年後見人・成年後見監督人の公示

　　成年後見人および成年後見監督人の公示は、後見登記等に関する法律4条1項の規定により、磁気ディスク（これに準ずる方法により一定の事項を確実に記録することができる物を含む。）をもって調製する後見登記等ファイルに、後見登記等に関する法律4条1項に定める事項（成年被後見人の氏名・住所・本籍・生年月日、成年後見人の氏名（名称）・住所、成年後見監督人の

氏名（名称）・住所）を記録することによって行われる。

成年後見登記に関する登記事務は、法務大臣の指定を受けた登記所である東京法務局の後見登録課で取り扱っている（後見登記2①、平成12年法務省告示83）。＊1

なお、平成12年改正民法の施行前においては、禁治産者の戸籍に同人が禁治産宣告を受けた旨の記載がされていた。しかし、新しい成年後見制度施行後においては、後見に関する登記がされた場合には登記官からの通知により、禁治産者の戸籍から禁治産に関する事項を削除するために戸籍を再製し、同人の後見（禁治産）に関する事項は、戸籍から登記に移行することになった（後見登記附則2）。

＊1　成年後見に関する事務のうち、後見登記等に関する法律10条1項に規定する登記事項証明書および同条3項に規定する閉鎖登記事項証明書の交付については、平成17年法務省告示63号で追加指定された登記所でも取り扱う。

2　未成年後見の開始事由

　未成年後見は、①未成年者に対して親権を行う者がないとき、②未成年者に対して親権を行う者が管理権を有しないときに開始する（民838一）。

　民法838条2号は、「後見開始の審判があったとき」は後見が開始するとし、民法7条は、精神上の障害により事理を弁識する能力を欠く常況にある者については、家庭裁判所は、未成年後見人、未成年後見監督人の請求により、後見開始の審判をすることができるとしている。未成年の知的障害者・精神障害者等が後見開始の審判を受けた場合のように、未成年者が「成年被後見人」となることも法律上はありえる（実務的には、未成年後見から成年後見への移行を切れ

目なく円滑に進めるために、満19歳数カ月に達した未成年の知的障害者・精神障害者等について後見開始の審判がされる場合等が考えられる。）（新成年後見制度の解説96頁）。*2

*2 成年被後見人は、未成年者であると成年者であるとを問わない。成年に達した時に改めて成年後見人を選任するよりも、未成年中に後見開始の審判をなし、そのまま成年後見を続ける方が未成年者の保護になる（基本法コンメンタール親族235頁〔田山輝明〕）。

3 未成年後見人の員数・代表権

(1) 員数

未成年後見人は、複数を選任することができる（民840②）。未成年後見は、未成年者に対して親権を行う者がないとき、または未成年者に対して親権を行う者が管理権を有しないときに開始する（民838一）が、この場合においては、未成年後見人は常置機関である（民839～841参照）。また、法人も、未成年後見人となることができる（民840③括弧書）。これらは、平成23年の民法改正（平成23年法律61号）により認められたものであり、その改正趣旨は、未成年後見人の負担を軽減するためである（平成23年民法等改正63頁）。

(2) 代表権

未成年後見人は、未成年被後見人の財産を管理し、かつ、その財産に関する法律行為について、未成年被後見人を代表する（民859①。ただし、その子の行為を目的とする債務を生ずべき場合には、本人の同意を得なければならない（民859②・824ただし書））。代表という語が用いられているが、代理と同じで、子の財産に影響を与える財産法上の法律行為一般についての代理と解されている（有地・家族法概論212頁）。

4 未成年後見監督人・特別代理人

(1) 未成年後見監督人

　未成年後見監督人は、1人に限られない（民852・859の2）。未成年後見監督人は常置機関でない。法人も、未成年後見監督人となることができる（民852・840③括弧書）。

　未成年後見監督人は、未成年後見人またはその代表する者[*3]と未成年被後見人との利益が相反する行為について、未成年被後見人を代表する（民851四）。未成年被後見人が数人ある場合の取り扱いについては、(2)参照。

　*3　「その代表する者」とは、例えば、未成年後見人の未成年の子と未成年被後見人とが利益相反行為となる場合には、未成年後見監督人が未成年被後見人を代表する。

(2) 特別代理人

　未成年後見人と未成年被後見人との利益が相反する行為について未成年後見監督人がない場合は、未成年後見人は、未成年被後見人のために特別代理人を選任することを家庭裁判所に請求しなければならない（民860・826）。

　後見人が数人（A・B・C）の被後見人に対して後見を行っている場合において、被後見人の1人と他の被後見人との利益が相反する行為については（例：遺産分割協議）、民法860条の規定により同法826条の規定が準用され、後見人は被後見人Aを代表し、被後見人BおよびCのために、それぞれ特別代理人を選任しなければならない。ただし、1人の後見監督人があるときは、被後見人の1人Aを後見人が代表し、他の被後見人Bについては後見監督人が代表し、その余の被後見人Cについて特別代理人を選任する（家事事件の申立書式と手続139頁）。なお、この事例において、2人以上の後見監督人が選任されているときは、2人の後見監督人が被後見人B、Cをそれぞれ代表することもできる（注釈民法(25)363頁〔久貴忠彦・二宮周平〕、成年後見監督人の手引47頁・48頁）。

5 被後見人・後見人間の利益相反行為の例

　不動産を目的とする被後見人と後見人間における法律行為が利益相反行為となるか否かを、次に例示する。

　なお、未成年後見人、成年後見人等の語は、平成11年法律149号による民法の一部改正によって用いられたものであり、以下に掲げる利益相反行為の先例、判例の多くは同法の施行（平成12年4月1日）前のものであるから、特に限定しない限り、単に、後見人、後見監督人として記述する。

(1) 不動産の処分行為

① 無償譲渡

　　後見人が未成年者を代理して後見人の内縁の夫に対し未成年者所有の土地を無償譲渡する行為は、旧民法915条4号（明治31年法律9号）の「後見人ト被後見人トノ利益相反スル行為」に当たる（【判例19】）。

　（筆者注）旧民法915条
　後見監督人ノ職務左ノ如シ
　　1～3号　（略）
　　4　後見人又ハ其代表スル者ト被後見人トノ利益相反スル行為ニ付キ被後見人ヲ代表スルコト

【判例19】最判昭45・5・22判タ249・151（後見人の内縁の夫に対する無償譲渡）

　「本件土地の無償譲渡が旧民法915条4号に該当するか否かを考えるに、当時上告人〔後見人の夫〕と訴外人〔後見人〕とは内縁の夫婦であり、相互の利害関係は、特段の事情のないかぎり、共通するものと解すべきであるから、被後見人である被上告人〔未成年者〕に不利益な本件土地の右無償譲渡は、上告人〔後見人の夫〕と後見人である訴

外人とに共通する利益をもたらすものというべきであり、したがって、右無償譲渡は、旧民法915条4号にいう後見人と被後見人との利益相反行為にあたる」。

② 売買

　　後見人が、未成年者である被後見人所有の不動産を後見人の配偶者に売却する行為は、利益相反行為になる（登研485・120）。

(2) 債務の負担・保証・担保

① 未成年者およびその後見人の連帯債務を担保するため、未成年者所有の不動産に抵当権を設定することは、本件不動産の増築資金であっても、利益相反行為である（〘先例24〙）。

〘先例24〙昭33・4・4民甲714（被後見人のための増築資金）
［照会］
　債権者住宅金融公庫（甲）は、債務者（乙）（丙の後見人）、債務者（丙）未成年者満19歳に対し金員（増築のための建設資金）を貸し渡し（乙・丙）は互に連帯して、これを受領した。
　（丙）は（丙）の本債務弁済の担保として本証書末尾表示の物件の上に第1順位の抵当権を設定した。
　（丙）は前項の抵当権の設定登記手続を（甲）と協力して速かに完了し、(以下省略)の行為を内容とする公正証書について、左記事項に関し疑義がありますので御回信願います。
記
一、未成年者とその後見人が連帯債務者となり第三者と消費貸借契約を締結することは、民法第860条に規定せる利益相反行為となりますか。
二、右（丙）の債務について未成年者（丙）所有の不動産に抵当権設定の契約をすることが前項法条に規定せる利益相反行為となりますか。

> 三、本件債務の実質が未成年者所有の本件不動産の増築のための建設資金であるとすれば、前記法条に規定せる利益相反行為とならないと解すべきでしょうか。
> ［回答］
> 　一、二はいずれも利益相反行為に該当する。なお、三、のごとき事情は考慮する必要がない。

　　② 　後見人が自己の債務を担保するために、被後見人が所有する不動産に抵当権を設定することは、利益相反行為になる（明38・5・29民刑1153）。

(3)　遺産分割

　　① 　未成年者数人の後見人が同一人の場合の遺産分割協議には、後見監督人が選任されてなければ、特別代理人の選任を要する（登研98・44）。87頁4(2)参照。

　　② 　共同相続人が甲と乙（未成年者）の場合において、未成年者乙の後見人丙が甲の配偶者であっても、甲丙間で遺産分割協議をすることは、後見人と被後見人との利益相反行為とならない（登研125・40）。

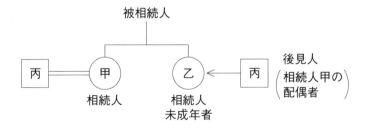

(4)　相続の放棄

　　① 　共同相続人中の1人が、他の共同相続人の全部または一部の

者の後見をしている場合において、後見人が被後見人全員を代理してする相続の放棄は、①後見人自らが相続の放棄をした後に、後見人が被後見人全員を代理して相続の放棄をしたとき、または、②後見人自らの相続の放棄と後見人が被後見人全員を代理してする相続の放棄とが同時にされたときは、利益相反行為にあたらない（【判例20】）。

② 先例の取り扱いについては、未成年者と親権者との利益相反行為に関するものであるが、57頁(二)を参照。

【判例20】 最判昭53・2・24民集32・1・98（相続の放棄）

「共同相続人の一部が相続の放棄をすると、その相続に関しては、その者は初めから相続人とならなかったものとみなされ、その結果として相続分の増加する相続人が生ずることになるのであって、相続の放棄をする者とこれによって相続分が増加する者とは利益が相反する関係にあることが明らかであり、また、民法860条によって準用される同法826条は、同法108条とは異なり、適用の対象となる行為を相手方のある行為のみに限定する趣旨であるとは解されないから、相続の放棄が相手方のない単独行為であるということから直ちに民法826条にいう利益相反行為にあたる余地がないと解するのは相当でない。これに反する所論引用の大審院の判例（大審院明治44年（オ）第56号同年7月10日判決・民録17輯468頁）は、変更されるべきである。しかしながら、共同相続人の1人が他の共同相続人の全部又は一部の者を後見している場合において、後見人が被後見人を代理してする相続の放棄は、必ずしも常に利益相反行為にあたるとはいえず、後見人がまずみずからの相続の放棄をしたのちに被後見人全員を代理してその相続の放棄をしたときはもとより、後見人みずからの相続の放棄と被後見人全員を代理してするその相続の放棄が同時にされたと認められるときもまた、その行為の客観的性質からみて、後見人と被後見人との間におい

> ても、被後見人相互間においても、利益相反行為になるとはいえないものと解するのが相当である」。

6 特別代理人を選任しないで未成年後見人が利益相反行為を行った場合

　未成年後見人と未成年被後見人との行為が利益相反行為となる場合において、未成年後見監督人が選任されているときは、未成年後見監督人が当該利益相反行為について未成年被後見人を代表する（民851四）。

　未成年後見監督人が選任されていないときは、未成年後見人は、特別代理人の選任を家庭裁判所に請求しなければならない（民860・826）。もし、未成年後見人が特別代理人の選任申立てをしないで未成年被後見人を代理した場合は、その代理行為は無権代理行為とされる（最判昭45・5・22判タ249・151）。したがって、新たに選任された特別代理人、または被後見人が能力者となった後に追認がない限り無効である（【判例16】（48頁）参照）。

7 利益相反行為と不動産登記の申請

(1) 登記の申請人

　　不動産登記の申請人（登記権利者または登記義務者）が未成年被後見人の場合は、次の者が代理人として登記の申請をすることができる（〚先例20〛（69頁）参照。成年後見人の場合の例として98頁(2)を参照）。

　① 未成年後見人が代理人として登記の申請をする。
　② 未成年被後見人と未成年後見人との行為が利益相反行為となるために、未成年後見監督人が未成年被後見人を代表したとき

（民851四・860ただし書）は、未成年後見人または未成年後見監督人が代理人として登記の申請をすることができる。

③　未成年後見監督人が選任されていないために特別代理人が未成年後見人を代理したとき（民860本文・826）は、未成年後見人または特別代理人が代理人として登記の申請をすることができる。

(2)　添付情報

原則的な添付情報（不登22、不登令7・別表三十項・五十五項等添付情報欄）のほかに、次の添付情報を提供する。

①　未成年後見人または未成年後見監督人が代理人として登記の申請をする場合は、その資格を証する情報として、未成年後見人または未成年後見監督人が記載された作成後3か月以内の未成年被後見人の戸籍謄本（または全部事項証明書）（不登令7①二・17①）。

②　特別代理人が代理人として登記の申請をする場合は、その資格を証する情報として、家庭裁判所の選任書（不登令7①二）。この選任書については、作成後3か月以内という制限はない（昭31・12・14民三1367～不動産登記令17条1項（旧不動産登記法施行細則44）の適用がない。）。

③　未成年被後見人が登記義務者の場合は、代理人の別により、未成年後見人、未成年後見監督人または特別代理人の作成後3か月以内の印鑑証明書（不登令16②③・18②③）。

［参考］　〚先例23〛（73頁）参照。

　　　被後見人保護の実効性の観点から、未成年後見人は、未成年被後見人の財産に関する法律行為全般について包括的な代理権を有する。また、その財産を管理する権限（包括的な財産管理権）を有する（民859①）。上記の法律行為に関連する登記・供託の申請も代理できる（新成年後見制度の解説97頁）。

第4章
成年被後見人と成年後見人

第4章　成年被後見人と成年後見人

1　成年後見人の選任

(1)　後見開始の審判

　　精神上の障害により事理を弁識する能力を欠く常況にある者については、家庭裁判所は、本人、配偶者、四親等内の親族、未成年後見人、未成年後見監督人、保佐人、保佐監督人、補助人、補助監督人または検察官の請求により、後見開始の審判をすることができる（民7）。

　　「精神上の障害」とは、身体上の障害を除くすべての精神的障害を意味し、認知症、知的障害、精神障害のほか、自閉症、事故による脳の損傷または脳の疾患に起因する精神的障害等が含まれる。「事理を弁識する能力」とは、法律行為の利害得失を判断する能力（後見等の事務に係る法律行為が自己にとって利益か不利益かを判断する能力）という趣旨の「判断能力」を意味する。なお、一時的に意思能力のある状態に戻ることがあっても、大部分の時間は事理を弁識する能力を欠く状態であれば、事理を弁識する能力を欠く常況にあるということができる（新成年後見制度の解説93頁）。

　　家庭裁判所は、後見開始の審判をするときは、職権で、成年後見人を選任する（民843①）。成年後見人は常置機関である。後見開始の審判を受けた者は、成年被後見人とし、これに成年後見人を付する（民8）。

(2)　後見開始の効果

　　後見開始の審判によって、成年被後見人は取引をする行為能力が制限される。すなわち、成年被後見人の法律行為は、取り消す

ことができる行為となる。ただし、日用品の購入その他日常生活に関する行為については、取消しの対象とならない（民9）。
(3) 公示

　成年後見人および成年後見監督人の公示は、後見登記等に関する法律4条1項の規定により、磁気ディスク（これに準ずる方法により一定の事項を確実に記録することができる物を含む。）をもって調製する後見登記等ファイルに、成年被後見人の氏名・住所・本籍・生年月日、成年後見人の氏名（名称）・住所、成年後見監督人の氏名（名称）・住所を記録することによって行われる。

　成年後見登記に関する登記事務は、東京法務局の後見登録課で取り扱っている。詳細は、84頁(2)を参照。

2　成年後見人の員数・代理権

(1) 員数

　成年後見人の員数は、1人に限られない（民859の2①参照）。

　法人も成年後見人になることができる（民843④括弧書参照）。成年後見人に法人を選任することについては、法人の資格について制限が設けられていないが（民法847条に規定する後見人の欠格事由に該当するものは除かれる。）、家庭裁判所が法人の事業の種類、成年被後見人との利害関係の有無等を審査して、個別的に適否を判断することになる。

(2) 代理権

　被後見人保護の実効性の観点から、成年後見人は、成年被後見人の財産に関する法律行為全般について包括的な代理権を有する。また、その財産を管理する権限（包括的な財産管理権）を有する（民859①）。上記の法律行為に関連する登記・供託の申請も代理できる（新成年後見制度の解説97頁）。

成年後見人は、成年被後見人に代わって、その居住の用に供する建物またはその敷地について、売却、賃貸、賃貸借の解除または抵当権の設定その他これらに準ずる処分をするには、家庭裁判所の許可を得なければならない（民859の3）。

3　成年後見監督人・特別代理人
(1)　成年後見監督人
　成年後見監督人は、1人に限られない（民852・859の2①）。成年後見監督人は常置機関でない。成年後見監督人は法人でもなることができる（民852・843④括弧書参照）。

　成年後見監督人は、成年後見人またはその代表する者（例えば、成年後見人が親権者である未成年の子）と成年被後見人との利益が相反する行為について、成年被後見人を代表する（民851四）。成年後見監督人またはその代表する者と成年被後見人との間で利益が相反する行為がなければ特別代理人を選任することを要せず、成年後見監督人が成年被後見人を代表することになる。

(2)　特別代理人
　成年後見人またはその代表する者と成年被後見人との利益が相反する行為については、成年後見監督人がない場合は、成年後見人は、成年被後見人のために特別代理人を選任することを家庭裁判所に請求しなければならない（民860・826）。

　後見人が数人の被後見人（A・B・C）に対して後見を行っている場合において、被後見人の1人と他の被後見人との利益が相反する行為については（例：遺産分割協議）、民法860条の規定により同法826条の規定が準用され、後見人は被後見人Aを代表し、被後見人BおよびCのために、それぞれ特別代理人を選任しなければならない。ただし、1人の後見監督人があるときは、被後見人

の1人Aを後見人が代表し、他の被後見人Bについては後見監督人が代表し、その余の被後見人Cについて特別代理人を選任する（家事事件の申立書式と手続139頁）。なお、この事例において、2人以上の後見監督人が選任されているときは、2人の後見監督人が被後見人B、Cをそれぞれ代表することもできる（注釈民法(25)363頁〔久貴忠彦・二宮周平〕、成年後見監督人の手引47頁・48頁）。

　特別代理人は臨時的機関であり、成年被後見人につき裁判所で選任された事件が完了したときは任務が終了し、特別代理人の資格を失う（注釈民法(25)151頁参照〔中川淳〕）。

4　成年被後見人・成年後見人間の利益相反行為の例
(1)　利益相反行為の範囲

　民法860条は、「第826条の規定は、後見人について準用する。ただし、後見監督人がある場合は、この限りでない。」と規定する。民法826条を準用すると、その当事者としては、成年後見人の代表する者と成年被後見人との間の行為が脱落し、民法851条4号の場合には成年後見人を同じくする数人の成年被後見人の間の行為が脱落することになるおそれがあるから、民法860条の解釈としては、以下のすべての場合を含むものと解されている（注釈民法(25)429頁〔中川淳〕）。

① 　成年後見人と成年被後見人
② 　成年後見人が法律上（例えば親権者、法人の代表者などとして）または委任によって代表する者と成年被後見人
③ 　成年後見人を同じくする成年被後見人相互の間

(2)　利益相反行為の例示
①　基本的な考え方

　どのような法律行為が利益相反行為に該当するかについて

第4章　成年被後見人と成年後見人

は、原則として、親権者とその親権に服する子間または後見人と被後見人間の場合と同様の考え方となる。50頁「第2章　6　未成年者・親権者間の利益相反行為の例」、88頁「第3章　5　被後見人・後見人間の利益相反行為の例」を参照。

② 成年後見監督人がいない場合の利益相反行為

成年後見監督人が選任されていない場合において、成年被後見人が所有する不動産を、成年後見人が代表取締役を務める株式会社に売却する契約を締結する行為は、成年被後見人と成年後見人との間で利益相反行為となる。売買契約を締結するためには、成年後見人が、成年被後見人のために特別代理人を選任することを家庭裁判所に請求し、選任された特別代理人と代表取締役である成年後見人とで売買契約を締結する。この場合の所有権移転登記の申請には、原則的な添付情報（登記原因証明情報等）の他に、特別代理人の選任審判書を提供しなければならない（登研781・145）。

後見監督人が選任されている場合には、後見監督人は、後見人またはその代表する者（例：後見人が代表取締役をしている株式会社）と被後見人との利益が相反する行為について被後見人を代表するので（民851四）、後見人に代わる特別代理人の選任をする必要はない。

(3) **後見人等の利益相反行為に関する国会質疑**

成年後見制度を創設する「民法の一部を改正する法律」（平成11年法律149号）案を審議する第145回国会衆議院法務委員会で、後見人の利益相反行為につき、木島日出夫委員と細川清政府委員との間で、〖参考1〗のような質疑応答がされている（第145回国会衆議院法務委員会会議録19号30頁）。また、成年後見人等の選任に当たり利益相反関係の有無についての前掲法律案に対する〖参考2〗の

附帯決議がされている。

〖参考1〗第145回国会衆議院法務委員会における質疑応答
○木島委員　次の質問に移りたいと思うのですが、どういう人が後見人に選任されるか、決定的に重要だと思うんですね。被後見人等の財産が正しく守られるかどうかが、どんな人たちが後見人に選ばれるかによってある程度決められると思うからです。
　それで、民法843条第4項ですが、利益相反にある個人や法人をそういう後見人から排除するということが非常に必要だろう。この制度をつくるに当たって多くの団体や個人からも、ぜひ、利益相反にある個人や法人は後見人に選任してはならないという排除の明文上の規定が必要だということが意見として言われていたと思うのです。そういう事件も起こっているからだと思うんですね。
　ところが、この法案は、そこまでは明文の規定を置かずに、裁判所が後見人を選任する選任の理由の中の一つに利害関係の有無を判断材料にするという程度にとどめているんですね。これはぜひ、利益相反にある個人や法人は後見人にしてはならない、そのぐらいのきちっとした規定があってもいいんじゃないかと私は思うのですが、そこまで規定を置かなかった理由は何でしょう。
○細川政府委員　明確に利益相反の関係にある人を後見人等に選任することは、これは適当でないことは明らかでございます。
　ただ、この条文は、後見、保佐、補助すべてにわたって他の方でも準用されている規定でございますし、また、利益相反ということは非常に幅広い概念でございます。配偶者であっても、一定の例えば分割相続等に関しては利益相反する場合もあるわけですから、利益が相反する場合はこれを一切後見人にできないということにされてしまうと、これはやや硬直的な制度になってしまう。
　そこで、そういったものを重要な考慮要素として考慮していただいて、最終的には家庭裁判所の適切な判断をまちたいというのがこ

の規定の趣旨でございます。

〖参考2〗民法の一部を改正する法律案に対する附帯決議
1、2、4〜7省略
3　成年後見人等の選任に当たり、本人との利害関係の有無を考慮事情とする法の趣旨にかんがみ、成年後見人等となる法人及びその代表者と本人との利害関係及び利益相反の有無の確認について適正な運用を期するように配慮されたい。

5　特別代理人を選任しないで成年後見人が利益相反行為を行った場合

　成年後見人と成年被後見人との行為が利益相反行為となる場合において、成年後見監督人が選任されているときは、成年後見監督人が当該利益相反行為について成年被後見人を代表する（民851四）。

　成年後見監督人が選任されていないときは、成年後見人は、特別代理人の選任を家庭裁判所に請求しなければならない（民860・826）。もし、成年後見人が特別代理人の選任申立てをしないで成年被後見人を代理した場合は、その代理行為は無権代理行為となる（後見人が未成年者を代理して後見人の内縁の夫に対し未成年者所有の土地を無償譲渡した行為についての事案として、【判例19】(88頁)。この場合は、新たに選任された特別代理人または成年被後見人が能力者となった場合にはその追認がない限り無効である（【判例16】(48頁)参照）。

6　利益相反行為と不動産登記の申請
(1)　登記の申請人

　　登記の申請人（登記権利者または登記義務者）が成年被後見人

の場合は、次の者が代理人として登記の申請をすることができる（〚**先例20**〛（69頁）、98頁（2）参照）。

① 成年後見人が代理人として登記の申請をする。

② 成年被後見人と成年後見人との行為が利益相反行為となるために、成年後見監督人が成年被後見人を代表したとき（民851四・860ただし書）は、成年後見人または成年後見監督人が代理人として登記の申請をすることができる。

③ 成年後見監督人が選任されていないために特別代理人が成年後見人を代理したとき（民860本文・826）は、成年後見人または特別代理人が代理人として登記の申請をすることができる（未成年者と特別代理人の事案として92頁（1）参照）。

(2) 添付情報

原則的な添付情報（不登22、不登令7・別表三十項・五十五項等添付情報欄）のほかに、次の添付情報を提供する（〚**先例23**〛（73頁）参照）。

① 成年後見人または成年後見監督人が代理人として登記の申請をする場合は、その資格を証する情報として、成年被後見人および成年後見人または成年後見監督人を記録した作成後3か月以内の登記事項証明書（後見登記10、不登令7①二・17①）。

② 特別代理人が代理人として登記の申請をする場合は、その資格を証する情報として、家庭裁判所の選任書（不登令7①二）。この選任書については、作成後3か月以内という制限はない（昭31・12・14民三1367〜不動産登記令17条1項（旧不動産登記法施行細則44）の適用がない。）。

③ 成年被後見人が登記義務者の場合は、代理人の別により、成年後見人、成年後見監督人または特別代理人の作成後3か月以内の印鑑証明書（不登令16②③・18②③）。

第5章
被保佐人と保佐人

第5章　被保佐人と保佐人

1　保佐人の選任

(1)　保佐開始の審判

　精神上の障害により事理を弁識する能力が著しく不十分である者については、家庭裁判所は、本人、配偶者、四親等内の親族、後見人、後見監督人、補助人、補助監督人または検察官の請求により、保佐開始の審判をすることができる。ただし、民法7条に規定する原因がある者（精神上の障害により事理を弁識する能力を欠く常況にある者）については、後見の制度の対象となり、保佐開始の審判を受けることができない（民11）。

　「精神上の障害」とは、身体上の障害を除くすべての精神的障害を意味し、認知症、知的障害、精神障害のほか、自閉症、事故による脳の損傷または脳の疾患に起因する精神的障害等が含まれる。「事理を弁識する能力」とは、法律行為の利害得失を判断する能力（後見等の事務に係る法律行為が自己にとって利益か不利益かを判断する能力）という趣旨の「判断能力」を意味する。なお、浪費者であっても、当然に保佐開始の審判の対象者になるものではなく、浪費者の中で、精神上の障害により事理を弁識する能力が著しく不十分である者が対象となる（新成年後見制度の解説72頁・74頁）。

　家庭裁判所は、保佐開始の審判をするときは、職権で、保佐人を選任する（民876の2①）。保佐人は常置機関である。保佐開始の審判を受けた者は、被保佐人とし、これに保佐人を付する（民12）。

(2)　公示

　保佐人および保佐監督人の公示は、後見登記等に関する法律4

条1項の規定により、磁気ディスク（これに準ずる方法により一定の事項を確実に記録することができる物を含む。）をもって調製する後見登記等ファイルに、被保佐人の氏名・住所・本籍・生年月日、保佐人の氏名（名称）・住所、保佐監督人の氏名（名称）・住所を記録することによって行われる。成年後見登記に関する登記事務は、東京法務局の後見登録課で取り扱っている。詳細は、84頁(2)を参照。

臨時保佐人（112頁(2)）については後見登記等ファイルに登記する定めがないので、臨時保佐人の選任審判書謄本で、その資格を証明する（家事事件の実務255頁）。

2 保佐人の員数

保佐人の員数は、1人に限られない（民876の5②・859の2①参照）。法人も保佐人になることができる（民876の2②・843④括弧書参照）。保佐人に法人を選任することについては、法人の資格について制限が設けられていないが（民法876条の2第2項で準用する同法847条に規定する後見人の欠格事由に該当するものは除かれる。）、家庭裁判所が法人の事業の種類、保佐人との利害関係の有無等を審査して、個別的に適否を判断することになる。

3 保佐人の同意権

(1) 原則

被保佐人が次の①から⑨に掲げる行為をするには、その保佐人の同意を得なければならない。ただし、日用品の購入その他日常生活に関する行為については、同意権の対象から除外されている（民13①・9ただし書）。保佐開始の審判自体によって、①から⑨に掲げる行為について同意権付与の効果が生じる。

本人（被保佐人）が保佐人の同意（または同意に代わる家庭裁判所の許可（民13③））を得ずに①から⑨に掲げる行為を行った場合は、本人または保佐人においてこれを取り消すことができる（民13④・120①）。

① 元本を領収し、または利用すること。

　弁済の受領、利息付消費貸借による金銭の貸し付け等が該当する。

② 借財または保証をすること。

　消費貸借契約により金銭を借り受けること、保証債務を負担する等をいう。

③ 不動産その他重要な財産に関する権利の得喪を目的とする行為をすること。

　不動産・動産の売買、不動産に対する担保物権または用益物権の設定等をする行為。

④ 訴訟行為をすること。

⑤ 贈与、和解または仲裁合意（仲裁法2条1項に規定する仲裁合意をいう。）をすること。

⑥ 相続の承認もしくは放棄または遺産の分割をすること。

　「相続の承認」には、単純承認と限定承認が含まれる。

⑦ 贈与の申込みを拒絶し、遺贈を放棄し、負担付贈与の申込みを承諾し、または負担付遺贈を承認すること。

⑧ 新築、改築、増築または大修繕をすること。

　居住用不動産等の新築、増改築または大修繕を目的とする請負契約を締結することをいう。

⑨ 民法602条に定める期間を超える賃貸借をすること。

　民法602条に定める賃貸借期間は、次のとおりである。

　1. 樹木の栽植または伐採を目的とする山林の賃貸借　10年

2. 1.に掲げる賃貸借以外の土地の賃貸借　5年
3. 建物の賃貸借　3年
4. 動産の賃貸借　6か月

上記の期間を超えない短期賃貸借であれば、日常的な管理行為の範囲にとどまるので、保佐人の同意を要しない（新しい成年後見制度82頁）。

(2) 同意権の範囲の拡張

家庭裁判所は、被保佐人が、(1)の①から⑨までに掲げる行為以外の行為をする場合であっても、本人（被保佐人）、配偶者、四親等内の親族、後見人、後見監督人、保佐人、保佐監督人、補助人、補助監督人または検察官の請求によって、その保佐人の同意を得なければならない旨の審判をすることができる。ただし、民法9条ただし書に規定する行為（日常品の購入その他日常生活に関する行為）については、除かれる（民13②・11）。

4　保佐人の代理権

家庭裁判所は、本人（被保佐人）、配偶者、四親等内の親族、後見人、後見監督人、保佐人、保佐監督人、補助人、補助監督人または検察官の請求によって、被保佐人のために特定の法律行為について保佐人に代理権を付与する旨の審判をすることができる（民876の4①・11）。本人以外の者の請求によって上記の審判をするには、本人の同意がなければならない（民876の4②）。

被保佐人は、民法13条1項の行為（3(1)の①～⑨の行為）または審判で認められた民法13条1項の行為以外の行為をするについて保佐人の同意を得なければならない（民13①②）が、保佐人は、これらの行為について当然に被保佐人を代理するものではない。保佐人は、上記の代理権を付与する旨の審判で認められた特定の法律行為に限

って、被保佐人を代理する。

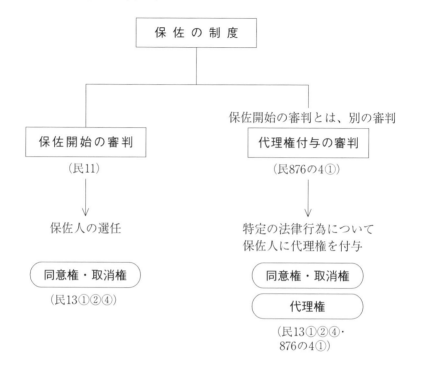

5 保佐監督人・臨時保佐人
(1) 保佐監督人

　家庭裁判所は、必要があると認めるときは、被保佐人、その親族もしくは保佐人の請求により、または職権で、保佐監督人を選任することができる（民876の3①）。保佐監督人は常置機関ではない。

　保佐監督人は、保佐人またはその代表する者（例えば、保佐人が親権者である未成年の子）と被保佐人との利益が相反する行為について、被保佐人を代表し、または被保佐人がこれをすることに同意する（民876の2③・876の3②・851四）。

(2) 臨時保佐人

　保佐人またはその代表する者（例えば保佐人が親権者である未成年の子）と被保佐人との利益が相反する行為については、保佐監督人がない場合は、保佐人は、臨時保佐人の選任を家庭裁判所に請求しなければならない（民876の2③）。

　同一保佐人の保佐を受ける被保佐人が数人いる場合には、複数の臨時保佐人が選任されることもあり得る（例えば、遺産の分割をする場合（民13①六））。なお、保佐人が数人選任されている場合においては、利益相反関係にない保佐人が権限を行使することができるので、臨時保佐人を選任する必要はなく、保佐監督人が権限を行使する必要もない（平成11年民法一部改正法等の解説311頁）。

　臨時保佐人は臨時的機関であり、被保佐人につき裁判所で選任された事件が完了したときは任務が終了し、臨時保佐人の資格を失う（注釈民法(25)151頁参照〔中川淳〕）。

6　被保佐人・保佐人間の利益相反行為の例

　どのような法律行為が利益相反行為に該当するかについては、親権者とその親権に服する子間または後見人と被後見人間の場合と同様の考え方となる。50頁「第2章　6　未成年者・親権者間の利益相反行為の例」、88頁「第3章　5　被後見人・後見人間の利益相反行為の例」を参照。

7　利益相反行為と不動産登記の申請

(1) 登記の申請人

　登記の申請人（登記権利者または登記義務者）が被保佐人の場合は、次の者が登記の申請をすることができる。

① 被保佐人自ら登記の申請をすることができる。

　権利に関する登記は、原則として不動産に関する権利変動の効力発生要件ではなく、単なる対抗要件であるから、制限行為能力者が民法13条1項で定める法律行為または民法13条1項以外の法律行為をなすことの審判を得ている場合（民13②）に、権利変動（例えば、売買）について保佐人の同意を得て、有効に権利変動が生じた以上、さらに対抗要件である登記の申請について保佐人の同意を要するとすることは、相手方を不当に害するので、妥当ではない（不動産登記法逐条解説（一）110頁参照）。

　被保佐人が申請する場合は、上記の登記原因について、保佐人が同意をしたことを証する情報（不登令7①五ハ）を提供しなければならない（〚先例22〛（71頁）参照）。

　保佐人またはその代表する者と被保佐人とに係る法律行為が利益相反行為となるため臨時保佐人が選任されている場合（民876の2③）は、登記原因について臨時保佐人が承諾したことを証する情報を提供しなければならない（不登令7①五ハ）。

② 保佐人が代理人として登記の申請をする。

　被保佐人のために特定の法律行為（例えば、被保佐人が所有する甲不動産の売買）について、保佐人に代理権を付与する旨の審判（民876の4①）があったときは、保佐人は、甲不動産の売買による登記の申請について代理権を有すると解される（新成年後見制度の解説78頁）。

(2) 添付情報

　原則的な添付情報（不登22、不登令7・別表三十項・五十五項等添付情報欄）のほかに、次の添付情報を提供する。

① 被保佐人が登記の申請をする場合には、登記原因について、保佐人が同意をしたことを証する情報を提供しなければならな

い（不登令7①五ハ）。なお、この承諾を証する情報が書面の場合は、作成者が記名押印し、記名押印の印鑑証明書を添付するものとし（不登令19）、電子情報処理組織を使用して添付情報を提供する場合は、作成者が電子署名をし、電子証明書を併せて送信しなければならない（不登令12・14）。

② 特定の法律行為について保佐人に代理権を付与する旨の審判（民876の4①）があったことにより、保佐人が代理人として登記の申請をする場合は、その資格を証する情報として、保佐人を記録した作成後3か月以内の登記事項証明書（後見登記10）を提供する（不登令7①二・17①）。

③ 被保佐人が登記義務者の場合において、特定の法律行為について保佐人に代理権を付与する旨の審判（民876の4①）があったことにより、保佐人が代理人として登記の申請をする場合は、作成後3か月以内の保佐人の印鑑証明書を提供する（不登令16②③・18②③、〘先例23〙（73頁）参照）。

④ 保佐人またはその代表する者と被保佐人とに係る法律行為が利益相反行為となるため臨時保佐人が選任されている場合（民876の2③）において、被保佐人が登記の申請をするときは、登記原因について臨時保佐人が承諾したことを証する情報および臨時保佐人の選任審判書謄本を提供する（不登令7①五ハ）。なお、この承諾したことを証する情報が書面の場合は、作成者が記名押印し、記名押印者の印鑑証明書を添付するものとし（不登令19）、電子情報処理組織を使用して添付情報を提供する場合は、作成者が電子署名をし、電子証明書を併せて送信しなければならない（不登令12・14）。

第6章
被補助人と補助人

第6章　被補助人と補助人

1　補助人の選任
(1)　補助開始の審判

　　精神上の障害により事理を弁識する能力が不十分である者については、家庭裁判所は、本人、配偶者、四親等内の親族、後見人、後見監督人、保佐人、保佐監督人または検察官の請求により、補助開始の審判をすることができる。ただし、民法7条に規定する原因がある者（精神上の障害により事理を弁識する能力を欠く常況にある者）または民法11条本文に規定する原因がある者（精神上の障害により事理を弁識する能力が著しく不十分である者）については、後見または保佐の制度の対象となり、補助開始の審判を受けることができない（民15①）。

　　「精神上の障害」とは、身体上の障害を除くすべての精神的障害を意味し、認知症、知的障害、精神障害のほか、自閉症、事故による脳の損傷または脳の疾患に起因する精神的障害等が含まれる。「事理を弁識する能力」とは、法律行為の利害得失を判断する能力（後見等の事務に係る法律行為が自己にとって利益か不利益かを判断する能力）という趣旨の「判断能力」を意味する（新成年後見制度の解説45頁）。

　　家庭裁判所は、補助開始の審判をするときは、職権で、補助人を選任する（民876の7①）。補助人は常置機関である。補助開始の審判を受けた者は、被補助人とし、これに補助人を付する（民16）。

(2)　公示

　　補助人および補助監督人の公示は、後見登記等に関する法律4条1項の規定により、磁気ディスク（これに準ずる方法により一定

の事項を確実に記録することができる物を含む。）をもって調製する後見登記等ファイルに、被補助人の氏名・住所・本籍・生年月日、補助人の氏名（名称）・住所、補助監督人の氏名（名称）・住所を記録することによって行われる。成年後見登記に関する登記事務は、東京法務局の後見登録課で取り扱っている。詳細は、84頁(2)を参照。

臨時補助人については後見登記等ファイルに登記する定めがないので、臨時補助人の選任審判書謄本で、その資格を証明する（家事事件の実務393頁）。

2　補助人の員数

補助人の員数は、1人に限られない（民876の10①・859の2①参照）。法人も補助人になることができる（民876の7②・843④括弧書参照）。補助人に法人を選任することについては、法人の資格について制限が設けられていないが（民法876条の7第2項で準用する同法847条に規定する後見人の欠格事由に該当するものは除かれる。）、家庭裁判所が法人の事業の種類、補助人との利害関係の有無等を審査して、個別的に適否を判断することになる。

3　補助人の同意権

(1)　同意事項

被補助人が補助人の同意を得なければならない行為は、民法13条1項で掲げる次の行為のうちの一部に限られる（民17①）。ただし、日用品の購入その他日常生活に関する行為については、同意権の対象から除外されている（民17①・13①）。

本人（被補助人）が補助人の同意（または同意に代わる家庭裁判所の許可（民17③））を得ずに①から⑨までに掲げる行為を行っ

第6章　被補助人と補助人

た場合は、本人または補助人においてこれを取り消すことができる（民17④・120①）。

① 元本を領収し、または利用すること。
② 借財または保証をすること。
③ 不動産その他重要な財産に関する権利の得喪を目的とする行為をすること。
④ 訴訟行為をすること。
⑤ 贈与、和解または仲裁合意（仲裁法2条1項に規定する仲裁合意をいう。）をすること。
⑥ 相続の承認もしくは放棄または遺産の分割をすること。
⑦ 贈与の申込みを拒絶し、遺贈を放棄し、負担付贈与の申込みを承諾し、または負担付遺贈を承認すること。
⑧ 新築、改築、増築または大修繕をすること。
⑨ 民法602条に定める次の期間を超える賃貸借をすること。
　　1. 樹木の栽植または伐採を目的とする山林の賃貸借　10年
　　2. 1.に掲げる賃貸借以外の土地の賃貸借　5年
　　3. 建物の賃貸借　3年
　　4. 動産の賃貸借　6か月

(2)　民法13条1項の事項全部を同意事項とすることの可否

被補助人が民法13条1項に定める法律行為のうちの一部をするにつき、審判で補助人の同意を得なければならないとすることができる（民17①）。もし、民法13条1項に定める法律行為の全部を、補助人の同意事項とする審判があった場合、同審判に基づく嘱託は受理されない（〚**先例25**〛(120頁)）。

受理されない理由は、同意権付与の対象である「特定の法律行為」は、保佐の対象者より高い判断能力を有する被補助人について、保佐以上の行為能力の制限を加えることは適当でないという

趣旨と考えられる（林史高・補助人の同意権の対象となる法律行為とその特定方法について（民月64・12・11））。

> 〖先例25〗平21・9・10民一2139
> ［照会］
> 　補助人の同意を要する行為の定めの審判によりその同意を得なければならないものとすることができる行為は、民法第17条第1項ただし書において「第13条第1項に規定する行為の一部に限る。」とされているため、同法第13条第1項に規定する行為の全部を補助人の同意を要する行為とする同審判に基づく嘱託は受理できないと考えますが、いささか疑義がありますので照会します。
> ［回答］
> 　貴見のとおりと考えます。

4　補助人の代理権

　家庭裁判所は、本人（被補助人）、配偶者、四親等内の親族、後見人、後見監督人、保佐人、保佐監督人、補助人、補助監督人または検察官の請求によって、被補助人のために特定の法律行為について補助人に代理権を付与する旨の審判をすることができる（民876の9①・15①）。本人以外の者の請求によって上記の審判をするには、本人の同意がなければならない（民876の9②・876の4②）。

　被補助人は、民法13条1項の行為（3(1)の①～⑨の行為）のうち、審判で同意を要するとされた行為をするについては補助人の同意を得なければならない（民17①）が、補助人は、これらの行為について当然に被補助人を代理するものではない。補助人は、上記の代理権を付与する旨の審判で認められた特定の法律行為に限って、被補助人を代理する。

第6章　被補助人と補助人

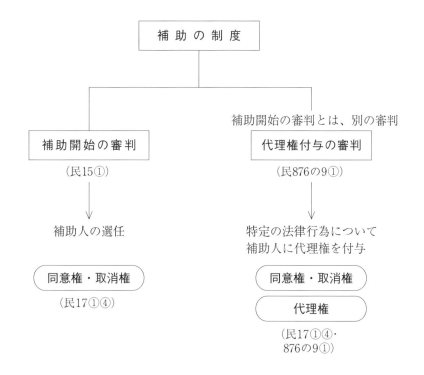

5　補助監督人・臨時補助人
(1)　補助監督人

　　家庭裁判所は、必要があると認めるときは、被補助人、その親族もしくは補助人の請求によりまたは職権で、補助監督人を選任することができる（民876の8①）。補助監督人は常置機関ではない。

　　補助監督人は、補助人またはその代表する者（例えば、補助人が親権者である未成年の子）と被補助人との利益が相反する行為について、被補助人を代表し、または被補助人がこれをすることに同意する（民876の7③・876の8②・851四）。

(2) 臨時補助人

　補助人またはその代表する者と被補助人との利益が相反する行為については、補助監督人がない場合は、臨時補助人の選任を家庭裁判所に請求しなければならない（民876の7③）。選任された臨時補助人は、選任審判で示された範囲内において、利益相反行為についての同意権・取消権または代理権を有する。

　臨時補助人は臨時的機関であり、被補助人につき裁判所で選任された事件が完了したときは任務が終了し、臨時補助人の資格を失う（注釈民法(25)574頁参照〔神谷遊〕）。

6　被補助人・補助人の利益相反行為の例

　どのような法律行為が利益相反行為に該当するかについては、親権者とその親権に服する子間または後見人と被後見人間の場合と同様の考え方となる。50頁「第2章　6　未成年者・親権者間の利益相反行為の例」、88頁「第3章　5　被後見人・後見人間の利益相反行為の例」を参照。

7　利益相反行為と不動産登記の申請

(1) 登記の申請人

　登記の申請人（登記権利者または登記義務者）が被補助人の場合は、次の者が登記の申請をすることができる。

① 被補助人自ら登記の申請をすることができる。

　権利に関する登記は、原則として不動産に関する権利変動の効力発生要件ではなく、単なる対抗要件であるから、制限行為能力者が民法17条1項の規定により同法13条1項に掲げる法律行為の一部についてこれをなすことの審判を得ている場合に、権利変動（例えば、売買）について補助人の同意を得て、有効に

第6章　被補助人と補助人

権利変動が生じた以上、さらに対抗要件である登記の申請について補助人の同意を要するとすることは、相手方を不当に害するので、妥当ではない（不動産登記法逐条解説(一)110頁参照）。

被補助人が申請する場合は、上記の登記原因について、補助人が同意をしたことを証する情報（不登令7①五ハ）を提供しなければならない（〚先例22〛(71頁) 参照）。

補助人と被補助人とに係る法律行為が利益相反行為となるため臨時補助人が選任されている場合（民876の7③）は、登記原因について臨時補助人が承諾したことを証する情報を提供しなければならない（不登令7①五ハ）。

②　補助人が代理人として登記の申請をする。

被補助人のために特定の法律行為（例えば、被補助人が所有する甲不動産の売買）について、補助人に代理権を付与する旨の審判（民876の9①）があったときは、補助人は、甲不動産の売買による登記の申請について代理権を有すると解される（新成年後見制度の解説78頁参照）。

(2)　添付情報

原則的な添付情報（不登22、不登令7・別表三十項・五十五項等添付情報欄）のほかに、次の添付情報を提供する。

①　被補助人が登記の申請をする場合には、登記原因について、補助人が同意をしたことを証する情報を提供しなければならない（不登令7①五ハ）。なお、この承諾を証する情報が書面の場合は、作成者が記名押印し、記名押印の印鑑証明書を添付するものとし（不登令19）、電子情報処理組織を使用して添付情報を提供する場合は、作成者が電子署名をし、電子証明書を併せて送信しなければならない（不登令12・14）。

②　特定の法律行為について補助人に代理権を付与する旨の審判

（民876の9①）があったことにより、補助人が代理人として登記の申請をする場合は、その資格を証する情報として、補助人を記録した登記事項証明書（後見登記10）。作成後3か月以内のもの（不登令7①二・17①）。

③　被補助人が登記義務者の場合において、特定の法律行為について補助人に代理権を付与する旨の審判（民876の9①）があったことにより、補助人が代理人として登記の申請をする場合は、作成後3か月以内の補助人の印鑑証明書（不登令16②③・18②③）。

［参考］　『**先例23**』（73頁）参照。

④　補助人またはその代表する者と被補助人とに係る法律行為が利益相反行為となるため臨時補助人が選任されている場合（民876の7③）に被補助人が登記の申請をするときは、登記原因について臨時補助人が承諾したことを証する情報および臨時補助人の選任審判書謄本（不登令7①五ハ）。なお、この承諾したことを証する情報が書面の場合は、作成者が記名押印し、記名押印者の印鑑証明書を添付するものとし（不登令19）、電子情報処理組織を使用して添付情報を提供する場合は、作成者が電子署名をし、電子証明書を併せて送信しなければならない（不登令12・14）。

第7章
株式会社と取締役等との利益相反取引

第7章　株式会社と取締役等との利益相反取引

1　取締役の利益相反取引の規制
(1)　利益相反取引の規制の趣旨

会社法356条1項および365条1項は、取締役と株式会社（以下、会社法の条文を引用する場合を除き「会社」という。）との間の取引について次のように定めている。

【取締役会を設置しない会社】

取　引		会社法356条1項の条文
		取締役は、次に掲げる場合には、株主総会において、当該取引につき重要な事実を開示し、その承認を受けなければならない。
競業取引		①　取締役が自己又は第三者のために株式会社の事業の部類に属する取引をしようとするとき。
利益相反取引	直接取引	②　取締役が自己又は第三者のために株式会社と取引をしようとするとき。
	間接取引	③　株式会社が取締役の債務を保証することその他取締役以外の者との間において株式会社と当該取締役との利益が相反する取引をしようとするとき。

（注）　取締役会を設置しない会社（株式会社）のことを以下において「取締役会非設置会社」という。

【取締役会設置会社】
(注) 取締役会を置く株式会社または会社法の規定により取締役を置かなければならない株式会社をいう（会社2七）。

会社法365条1項の条文

取締役会設置会社における第356条の規定の適用については、同条第1項中「株主総会」とあるのは、「取締役会」とする。

会社法356条1項1号は、取締役の競合取引規制をするものであり、取締役がその地位に基づいて会社の事業に関して取得した知識、ことに得意先の状況等に関する知識を、会社と競合関係にある自己または第三者の事業（例えば、自分が代表取締役をしている会社の事業）のために利用して、会社に損害を与えることを防止する趣旨である（前田・会社法入門414頁）。

会社法356条1項2号および3号は、いずれも取締役が会社の利益の犠牲において自己または第三者の利益を図ることを防止する趣旨で設けられており（江頭・株式会社法439頁）、利益相反取引の規制をするものである。会社法356条1項2号の取引（取締役が自己または第三者のためにする株式会社との取引）について、同法356条1項（取締役会非設置会社における株主総会）または365条1項（取締役会設置会社における取締役会）の承認を受けた場合は、自己契約または双方代理禁止を規定する民法108条の規定は適用されない（会社356②・365①）。

以下においては、会社法356条1項2号および3号の利益相反取引について記述する。

(2) 規制の対象となる取締役

会社法356条1項2号または3号の規定により、利益相反取引をする取締役として規制を受ける取締役は、代表取締役のみに限られ

ず、任期中の取締役のほかに、取締役欠員の場合における任期満了または辞任による取締役（新任取締役就任までの権利義務がある取締役（会社346①））、一時取締役の職務を行うべき者（会社346②）も含むと解されている。取締役の職務代行者（会社352①）にも類推適用すべきとされている（大隅＝今井・会社法論中236頁）。監査等委員会設置会社の取締役（監査等委員である取締役およびそれ以外の取締役）や指名委員会等設置会社の執行役も取締役会の承認を受けなければならない（会社327①三・四・419②、田中・会社法305頁）。

株主総会・取締役会の承認を受けるべき者は、直接取引の場合は、利益相反取引により利益を受けることとなる取締役であり、間接取引の場合は、間接取引により利益を受けることとなる取締役をいう（論点解説327頁）。

(3) 取引

利益相反取引に該当するとして会社法356条が適用される「取引」とは、裁量によって会社を害するおそれがある行為に限られ、その範囲は、会社との間に利害衝突を生ずるものに限られ、会社に不利益を及ぼすおそれのない取引は除外される（注釈会社法(6)234頁〔本間輝雄〕、【判例21】（130頁）参照）。

したがって、裁量によって会社を害するおそれがない行為、例えば、既存債務の履行、すでに相殺適状にある債権債務の相殺契約、会社に対する無償贈与、予め定型的に定められた普通契約約款に従って、預金契約・運送契約・保険契約等をする場合は利益相反取引に該当しない（取締役・会社間の取引121頁、会社法重要判例解説183頁）。

また、取締役が一顧客として自社の店舗で販売している物を購入する場合等の定型的な行為であって、取締役という属性とは無関係に行ったものは、会社の利益を害するおそれがないから、利益相反取引に該当しない（論点解説326頁）。

競売においては最低競売価額が定められ、公正な競い売りの方法によるので、取締役が会社財産を競売で取得した場合は利益相反取引に該当しない（【判例22】、大阪地判昭5・7・18新聞3164・9）。

【判例21】大判大4・10・21民録21・1670（取引の意義）

「商法第176条（現会社法356条）ニ所謂取引トハ汎ク財産権ニ関スル法律行為ヲ為スコトヲ指称シ必スシモ有償行為ノミニ限定セラレタルモノニ非ス」

【判例22】東京高判昭31・3・5高民9・2・76（競売）

「商法第265条（筆者注：会社法356条）において取締役、会社間の取引につき取締役会の承認を要するとした所以は、会社と取締役間の利害関係の衝突を惹起すべき取引につき、その弊害を防止せんがためのものであるから、競売におけるが如く最低競売価額が定められ、公正な糶売（筆者注：せりうり）の方法による売買の場合にあっては、この規定の適用はないものと解すべき」

2　直接取引・間接取引

(1)　直接取引（会社法356条1項2号）

（一）　直接取引と間接取引の差異

取締役（代表取締役に限らない。）の利益相反取引を規制する会社法356条1項2号は、取締役が当事者として、または他人の代理人・代表者として会社と取引をすることを規制するものであり、この取引を「直接取引」という。

また、同項3号は、株式会社が取締役の債務を保証する等、株式会社が取締役以外の者と取引をすることにより、取締役と会

社の利害が相反することとなることを規制するものであり、この取引を「間接取引」という。直接取引と間接取引の双方を含めて利益相反取引という。

「取締役が自己又は第三者のために株式会社と取引」をすることは、直接取引に該当し、原則として利益相反取引になる（会社356①二）。ただし、直接取引であっても、会社に損害が生じない取引は、利益相反取引に該当しない。例えば、会社に対しその取締役が無利息、無担保で金銭を貸し付ける行為は、特段の事情のない限り会社の利益にこそなれ不利益であるとはいえないから、利益相反取引にならない（【判例23】（132頁））。

なお、直接取引とは、登記上の利害関係を有する第三者取締役と会社間の通常取引に限られず、会社による取締役の債務免除（民519）や、会社を保険契約者および保険金受取人とする生命保険契約の保険金受取人を取締役の親族へ変更するなどの単独行為も含まれる（仙台高決平9・7・25判タ964・256、リーディング会社法366頁）。

利益相反取引となるか否かの例示については203頁5を参照。

取引		会社法	条文
利益相反取引	直接取引	356条1項2号	取締役が自己又は第三者のために株式会社と取引をしようとするとき。
	間接取引	356条1項3号	株式会社が取締役の債務を保証することその他取締役以外の者との間において株式会社と当該取締役との利益が相反する取引をしようとするとき。

【直接取引の例図】

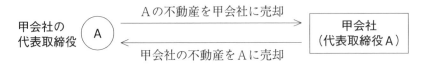

★ 取締役Aは、甲会社と直接に取引する。

【間接取引の例図】

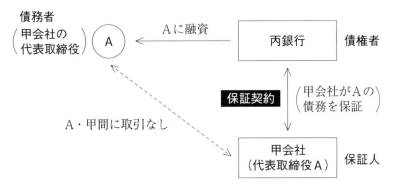

★ 甲会社と丙銀行間には保証契約という直接な取引があるが、取締役Aと甲会社間には直接の取引がない。

【判例23】 最判昭38・12・6民集17・12・1664（会社に対する無利息・無担保の貸付け）

「商法265条（筆者注：会社法356条1項）が、取締役が自己又は第三者のためにその会社と取引をなすには取締役会の承認を要する旨規定するのは、会社と取締役個人との間の利害衝突から会社の利益を保護することをその目的とするものであるところ、取締役がその会社に対し無利息、無担保で金員を貸付ける行為は、特段の事情のない限り会社の利益にこそなれ不利益であるとはいえないから、取締役会の承認を要しないものと解するのを相当とする」。

（二）　「自己又は第三者のために」とは

　「取締役が自己又は第三者のために株式会社と取引」をすることは、直接取引に該当する。この場合の「自己又は第三者のために」とは、「自己又は第三者の名義において」という趣旨である（論点解説326頁）。すなわち、自ら当事者となって、または、第三者を代理もしくは代表してという意味である（自己の名をもって、または、第三者の代理人もしくは代表者となって、という意味である。）（【判例24】（134頁）参照）。

　「第三者の代表者となって」取引をするとは、例えば、甲会社の取締役Aが、乙会社の代表取締役として、甲会社と取引をする場合をいう。

　＜例＞
　　承認要＝株主総会または取締役会の承認を要する。
　　承認不要＝株主総会または取締役会の承認を要しない。

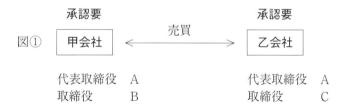

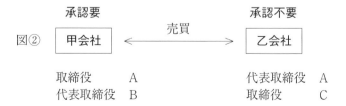

　★　甲会社の取締役であるAは、乙会社を代表して自分が取締役

である甲会社と売買取引をしようとしているが、図②の場合は、他の取締役Bが甲会社を代表している。

> 【判例24】 大阪高判平2・7・18判タ734・218（「自己又は第三者のため」）
>
> 商法「264条1項（筆者注：会社法356条1項1号）及び265条1項の（筆者注：会社法356条1項2号）「自己又ハ第三者ノ為ニ」するとは、自己又は第三者のいずれの名をもってするとを問わず、行為の経済上の利益が自己又は第三者に帰属することをいい、取締役が第三者を実質上支配する場合も含めて規制が及ぶものと解するのが相当である」。

（三） 会社間の利益相反取引の考え方

会社法356条1項2号（直接取引）で規定する「取締役が（略）第三者のために株式会社と取引」をするという場合の「第三者のために」とは、第三者である乙会社（法人）の名においてという意味であり、甲会社の取締役Aが、第三者である乙会社の代表者（または代理人）として取引をする場合をいう。

この取引が利益相反取引に該当するか否かは、次の図［コメント］のように考えると分かりやすい（売買の事例・直接取引）。考え方のポイントは、<u>自分の会社の取締役（または代表取締役）は、取引相手の会社を代表するか</u>、という点である。

備考1　○印は、株式会社を代表して売買契約を締結する者を表す。表中の取締役は、関係ある者のみを表示する。

備考2　以下の図で引用した先例等で「取締役会の承認」とあるのは、会社法施行後は、「原則として、取締役会非設置会社では株主総会、取締役会設置会社では取締役会の承認」となる。

第7章 株式会社と取締役等との利益相反取引

①

甲会社	Ⓐ	承認必要
乙会社	Ⓐ	承認必要

(〖先例26〗(137頁))

[コメント]

・甲会社の取締役Aは、第三者である乙会社のために(乙会社を代表して)甲会社と取引をするので、甲会社の承認を要する。

・乙会社の取締役Aは、第三者である甲会社のために(甲会社を代表して)乙会社と取引をするので、乙会社の承認を要する。

(〖先例26〗の要旨)

　代表取締役が同じである甲、乙株式会社間の不動産売買による所有権移転の登記の申請書には、甲、乙両会社の取締役会の承認を証する書面を添付する。

②

甲会社	Ⓐ	B	C	承認不要
乙会社	Ⓓ	A	B	承認必要

(登研517・195)
(登先287・67)

[コメント]

・乙会社の取締役Aは、第三者である甲会社のために(甲会社を代表して)乙会社と取引をするので、乙会社の承認を要する。

・甲会社の取締役Aは、第三者である乙会社を代表していないので(「第三者である乙会社のために」となっていないので)、甲会社の承認は不要。

（登研517・195）

　甲会社（代表取締役A、取締役B・C・D）と乙会社（代表取締役E、取締役A・B・C・D）の売買を原因とする所有権移転の登記申請書には、乙会社の取締役会の承認決議書を添付する。

（石垣勉「登記官のための窓口実務指導の手引き」（登先287・67））

　甲会社（代表取締役A、取締役B・C）と乙会社（代表取締役D、取締役A・B）の売買を原因とする所有権移転の登記申請書には、乙会社の取締役会の承認決議書を添付する。

③

甲会社	A	Ⓑ	C	承認不要
乙会社	A	B	Ⓓ	承認必要

（登先198・7）

［コメント］
・乙会社の取締役Bは、第三者である甲会社のために（甲会社を代表して）乙会社と取引をするので、乙会社の承認を要する。
・乙会社の代表取締役Dは、第三者である甲会社の取締役となっていないので、利益相反は生じない。

④

甲会社	A	Ⓑ	C	承認不要
乙会社	A	Ⓓ	C	承認不要

（〘先例27〙（138頁））

［コメント］
・B・Dは、いずれも相手方の取締役になっていない。したがって、B・Dは、「第三者のために」取引をするという形でないので、会社法の利益相反取引規定に該当しない。

第7章　株式会社と取締役等との利益相反取引

(〖先例27〗(138頁)要旨)

　甲株式会社の代表取締役がAおよびB、乙株式会社の代表取締役がAおよびDである場合において、Bが甲会社を、Dが乙会社をそれぞれ代表して甲会社所有の不動産を乙会社に売渡し所有権移転登記を申請するについては、いずれの会社についても申請書に取締役会の承認を証する書面の添付を要しない。

⑤

甲会社	Ⓐ	B	C	承認必要
乙会社	A	Ⓑ	C	承認必要

(前掲登先287・66)

［コメント］
- 甲会社の取締役Bは、第三者である乙会社のために(乙会社を代表して)甲会社と取引をするので、甲会社の承認を要する。
- 乙会社の取締役Aは、第三者である甲会社のために(甲会社を代表して)乙会社と取引をするので、乙会社の承認を要する。

〖先例26〗昭37・6・27民甲1657(代表取締役が同一人である会社間の売買)

［照会］
　甲・乙両株式会社の代表取締役が同一人で甲株式会社の所有にかかる不動産を乙株式会社に売り渡しその登記を申請する場合、単に甲株式会社の取締役会の承認を受けたことを証する書面すなわち取締役会議事録を添付すればたりると思われますところ(香川保一・登記実務総覧77頁参照)、甲・乙両株式会社の取締役会の承認を受ける要があるとの見解もありますが(昭和13年3月18日法曹会決議・法曹会雑誌第16巻第6号102頁・鮫島眞男・実用株式会社法2・216頁参照)、いかがでし

ようか。
　なお、取締役会議事録に署名した取締役の印鑑証明書及び取締役全員の資格証明書をも添付させるのが相当であるとされておりますところ（昭和34年6月23・24日東京法務局管内登記課長会同決議9・民事月報第14巻第9号60頁参照）、商法第260条ノ3第2項の規定によりますと、議事録には署名のみでたり押印までも要求されていないので、押印のない場合は右印鑑証明書の添付をさせる実益もなく、商法中署名スベキ場合ニ関スル法律により署名に代え記名押印がある場合には右印鑑証明書の添付をさせる実益もあるように考えますが、どうでしょうか。
　いささか疑義が生じましたので至急に何分の御指示をお願いします。
　［回答］
　次のように考える。
記
前段　甲・乙両株式会社の取締役会の承認を証する書面を添付すべきである。
後段　署名者の捺印のない議事録を添付して登記を申請する場合には、議事録の末尾に、「右は議事録に相違ない。」旨を記載して、議事録に署名した取締役が署名捺印すべきであり、従ってその者の印鑑証明書の添付を要する。

〚先例27〛昭52・11・14民三5691（兼任代表取締役と売買）
　［照会］
　A及びB株式会社の両当事者が、相手方の取締役を兼ねていない、それぞれの代表取締役により不動産の売買を行い所有権移転登記を申請したところ、管轄登記所は、たまたま両当事者の代表取締役を兼ねる者が存することを理由に、右売買を承認する両会社の取締役会議事

録を添付すべきことを要求致しました。当職は取締役会議事録を添付することなく右登記の申請を行いたく、法務省の見解を求める次第。
1、A及びB両株式会社の代表取締役がそれぞれ甲及び乙並びに甲及び丙である場合において乙がA会社を、丙がB会社をそれぞれ代表してA会社所有の不動産をB会社に売渡し所有権移転登記を申請するについては、いずれの会社についても取締役会の承認を証する書面の添付を要しないものと考えますが、いかがでしょうか。
2、もし右につき商法265条による取締役会の承認書の添付を要するとすれば、どの取締役がどの会社のためにどの会社と取引をするについての承認を求めればよろしいのでしょうか。
［回答］
　1について、貴見のとおりと考える。
　2について、右により了承されたい。
（筆者による参考図）
　○印は、会社を代表して取引をする取締役を示す。

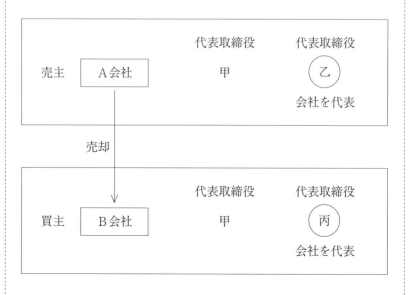

(2) 間接取引

株式会社が取締役の債務を保証することその他取締役以外の者との間において株式会社と当該取締役との利益が相反する取引をしようとするときは、取締役会非設置会社にあっては株主総会、取締役会設置会社にあっては取締役会の承認を受けなければならない（会社356①三・365①）。次のような例がある。

① 取締役が自己のためにする間接取引の例

甲会社の代表取締役であるAが乙銀行から融資を受けるに際し、甲会社が保証をする場合（例：Aを債務者として甲会社所有の不動産に抵当権設定登記をする場合）は、甲会社と乙銀行との間で保証契約（本例では、抵当権設定契約）を締結するのであり、甲会社とAとの間には直接の取引関係はない。しかし、取締役Aは甲会社を物上保証人とし、甲会社の利益を犠牲にして自己の利益を図る（融資を受けやすくする）ことも考えられるので、間接取引として規制の対象にしている。

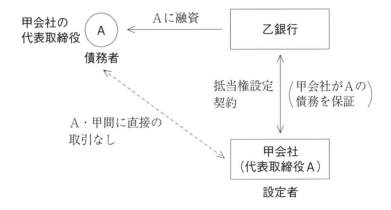

② 取締役が第三者のためにする間接取引の例
　　甲会社および乙会社の代表取締役であるAが、乙会社を債務者とする丙銀行からの借入債務を担保するために、Aが甲会社を代表して甲会社所有の不動産に抵当権を設定する契約を丙銀行と締結する行為は、間接取引になる。

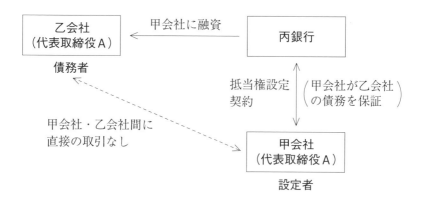

③ 間接取引ではなく、直接取引となる例
　　代表取締役を同じくする甲会社・乙会社の間の一方を担保権者、他方を債務者兼担保提供者とする取引は、直接取引になる。

3　利益相反取引の承認機関
(1)　承認機関
　取締役（指名委員会等設置会社にあっては執行役）は、次の①または②に掲げる場合には、取締役会非設置会社では株主総会において、取締役会設置会社では取締役会において、当該取引につき重要な事実を開示し、その承認を受けなければならない（会社356①・365①・419②）。

① 取締役が自己または第三者のために株式会社と取引をしよう

とするとき（直接取引（会社356①二））。

② 株式会社が取締役の債務を保証することその他取締役以外の者との間において株式会社と当該取締役との利益が相反する取引をしようとするとき（間接取引（会社356①三））。

(2) 決議の方法
（一）株主総会の決議（取締役会非設置会社の場合）
（イ）決議方法

取締役会を置かない株式会社では、利益相反取引の承認は株主総会の普通決議で行う（会社356①・309①）。特例有限会社は取締役会非設置会社であるから（整備17①）、株主総会の普通決議となる。

取締役会の有無	取締役会非設置会社
承認機関	株主総会（会社356①）
決議の方法	株主総会の決議は、定款に別段の定めがある場合を除き、議決権を行使することができる株主の議決権の過半数を有する株主が出席し、出席した当該株主の議決権の過半数をもって行う（普通決議（会社309①））。

（ロ）特別利害関係と株主の議決権

利益相反取引の当事者となる株主である取締役は、株主総会で議決権を行使することができる。昭和56年法律74号の改正商法により、株主総会では、株主の利害関係の有無を問わず、株主は議決権を行使することができるようになった。ただし、利害関係人の議決権行使によって著しく不当な決議が

第7章　株式会社と取締役等との利益相反取引　　　143

されたときは、決議取消し（株主総会決議取消しの訴え）の対象となる（会社831①三）。

　株主の議決権は株主としての個人的利益のために与えられているので、株主は株主総会で議決権を行使することができる（自己株式等の場合を除く（会社108①三・308②）。）。これに対し、会社法369条2項は、取締役会の決議について特別の利害関係を有する取締役は、議決に加わることができないとしている。取締役は会社のために忠実義務を負っているので（会社355）、決議の公正を期するため、特別の利害関係を有する取締役の議決権行使は禁止されている。

(ハ)　議長

　議題につき特別利害関係を有する者が株主総会の議長として議事を主宰しても、当然に決議が瑕疵を帯びるわけではない。当該議長の具体的な議事運営が決議の方法を著しく不公正にするものである場合には、決議取消事由（会社831①一）となる（江頭・株式会社法353頁注4）。なお、取締役会設置会社における取締役会の議長については150頁(ハ)を参照。

＜参考＞―昭和56年法律74号改正前の商法（昭和25年法律167号）239条（総会の決議方法）5項＝「総会ノ決議ニ付特別ノ利害関係ヲ有スル者ハ議決権ヲ行使スルコトヲ得ス」

　★　この条文は、昭和56年法律74号改正商法によって削除された。

(二) 株主全員の同意による株主総会の決議の省略（取締役会非設置会社の場合）

(イ) 書面決議（みなし決議）

　　取締役または株主が株主総会の目的である事項について提案をした場合において、当該提案につき株主（当該事項について議決権を行使することができるものに限る。）の全員が書面または電磁的記録（会社26②）により同意の意思表示をしたときは、当該提案を可決する旨の株主総会の決議があったものとみなされる（会社319①）。

　　この制度は、株主総会を開催しないで、提案事項について議決権を行使することができる株主の全員が書面または電磁的記録により提案事項について同意の意思表示をしたときは、当該提案を可決する旨の株主総会の決議があったものとみなすものであり、書面決議制度とも呼ばれる（前田・会社法入門389頁）。提案事項について議決権を行使することができる株主全員の同意が必要であり、多数決によることはできない。なお、会社法319条1項の規定に基づく株主の同意については、株主である利益相反取締役も同意株主となる（142頁(ロ)を参照）。

(ロ) 定款の定め不要

　　(イ)の書面決議（みなし決議）ができる旨は、定款で定めることを要しない（会社法319条1項には、同法370条の場合と異なり「定款で定めることができる」という文言はない。）。この点、定款の定めがある場合に限って、取締役会の開催を省略して、提案事項につき取締役全員の同意をもって決することができる場合（会社370）と異なる。

第7章 株式会社と取締役等との利益相反取引　　145

　（ハ）　株主総会議事録の作成

　　会社法319条1項の規定により、取締役または株主からの提案事項につき株主全員による同意があった場合には、株主総会の決議があったものとみなされた事項について、会社法施行規則72条4項1号の規定による株主総会議事録を作成しなければならない（181頁(2)を参照）。

（三）　取締役会の決議（取締役会設置会社の場合）

　（イ）　決議方法

　　取締役会設置会社における利益相反取引の承認は、取締役会の決議で行う（会社356①・365①）。取締役会の決議を要しない場合の判例と登記実務の取扱いについては(チ)で記述する。

取締役会の有無	取締役会設置会社
承認機関	取締役会（会社365①）
決議の方法	①　取締役会の決議は、議決に加わることができる取締役の過半数（これを上回る割合を定款で定めた場合にあっては、その割合以上）が出席し、その過半数（これを上回る割合を定款で定めた場合にあっては、その割合以上）をもって行う（会社369①）。 ②　前項の決議について特別の利害関係を有する取締役は、議決に加わることができない（会社369②）。

146　第7章　株式会社と取締役等との利益相反取引

　　＜参考1＞　株式会社の取締役会の定足数（議決に加わることができる取締役の過半数が出席し）は、開会時に充足されただけでは足りず、討議・議決の全過程を通じて維持されるべきであり、議決時にこれを欠くに至った場合には、当該決議は無効というべきである（最判昭41・8・26民集20・6・1289）。

　　＜参考2＞　議決→合議体の機関において、多数人の合議により、ある事項を決定することを「議決」という（法令用語辞典122頁）。

　　　　　　　決議→合議体の機関が特定の事項について決定した結論、すなわち「議決」により決まった結果をいう。ただし、法令によっては、必ずしも両者の区別は厳密に用いられていない（法令用語辞典208頁）。

　（ロ）　取締役1名による決議

　　利益相反取引の可否の決議をするにつき、取締役3名のうち2名が特別利害関係を有する場合は、特別利害関係を有しない取締役1名のみで、有効に取締役会決議をなし得る（〚先例28〛（147頁））。

第7章　株式会社と取締役等との利益相反取引

〚**先例28**〛昭60・3・15民四1603【特別の利害関係を有しない取締役1名による決議】

［要旨］

取締役3名のうち2名が特別利害関係を有する場合には、特別利害関係を有しない取締役1名のみにより有効に取締役会決議をなし得る。

［照会］

商法等の一部を改正する法律（昭和56年法律第74号）により商法第260条の2の規定が改正され、特別利害関係を有する取締役は取締役会の定足数に算入しないこととなりましたので、右の改正後は昭和45年3月2日民事甲第876号民事局長回答（筆者注：〚**先例29**〛（149頁））と同種の事案の決議は有効になし得ないものと解して差し支えありませんか。何分の御指示をお願いします。

［回答］

特別利害関係を有しない取締役1名のみにより有効に決議をなし得るものと考えます。

（筆者注）

① 旧商法260条ノ2（昭和56年法律74号）の規定は、特別利害関係ある取締役は当該議題の定足数に算入しないこととしているので、特別利害関係ある取締役が最初から出席していない場合、あるいは途中で退席した場合であっても、利害関係を有しない取締役1名が出席している場合には有効に決議をなし得るという解釈に立っているものであり、その点が、昭和45年3月2日民事甲第876号民事局長回答（〚**先例29**〛）とは相違している（商業・法人登記先例解説総覧435頁）。

② 昭和56年法律74号による商法改正前の商法（昭和25年法律167号）260条ノ2の規定は、特別利害関係を有する取締役は議決権を行使することはできないが、取締役会の定足数の算定に当たっては、これ

を定足数に算入すべきであると解されていた。前掲・昭和45年回答（〚**先例29**〛（149頁））は、取締役3名の株式会社で、そのうちの2名の取締役が共に特別利害関係を有する事項を決議するにあたり、取締役全員が出席した上で、特別利害関係を有しない取締役1名のみで有効に決議をなし得るとしたものである（株式会社先例法256頁～258頁参照）。

③　会社法の関係条文

旧商法260条ノ2（昭和25年法律167号）	①取締役会ノ決議ハ取締役ノ過半数出席シ其ノ取締役ノ過半数ヲ以テ之ヲ為ス但シ定款ヲ以テ此ノ要件ヲ加重スルコトヲ妨ゲズ ②第239条第5項（筆者注：株主総会において特別利害関係人は議決権を有しない）及第240条第2項（筆者注：特別利害関係人の行使できない議決権は出席株主の議決権数に算入しない）ノ規定ハ前項ノ決議ニ之ヲ準用ス
旧商法260条ノ2（昭和56年法律74号）	①（同上） ②前項ノ決議ニ付特別ノ利害関係ヲ有スル取締役ハ決議ニ参加スルコトヲ得ズ ③前項ノ規定ニ依リテ決議ニ参加スルコトヲ得ザル取締役ノ数ハ第1項ノ取締役ノ数ニ之ヲ算入セズ
会社法369条(平成17年法律86号)	①取締役会の決議は、議決に加わることができる取締役の過半数（これを上回る割合を定款で定めた場合にあっては、その割合以上）が出席し、その過半数（これを上回る割合を定款で定めた場合にあっては、その

　　　　　　　割合以上）をもって行う。
　　　　　　②前項の決議について特別の利害関係を有す
　　　　　　　る取締役は、議決に加わることができない。
　　　　　　③～⑤（省略）

〚先例29〛昭45・3・2民甲876（取締役1名による決議）
［要旨］
　取締役3名のうち2名の取締役が特別利害関係を有する事項を取締役会で決議するに当たり、取締役全員が出席した上で利害関係のない取締役1名がなした決議は有効である。
［照会］
　取締役3名の株式会社において、当該会社が自社の取締役2名と会社所有の不動産について取引をなすにあたり、その取引の承認をうけるべく、取締役全員（3名）が出席して取締役会を開催したところ、このうち2名の取締役は特別利害関係人であるため、利害関係のない取締役1名が右取引を承諾する旨の決議がなされたが、この決議は有効か。
　また、右の例において、利害関係のない1名の取締役の決議が無効であるとする場合、当該会社のとるべき措置等について、左記のとおり各説があり、当局においては、前段甲説を相当と考えますがいささか疑義がありますので、何分のご指示を賜りたく、お伺いいたします。
　　　　　　　　　　　記
前段
　甲説（有効説）
　　取締役全員が出席しており、このうち特別利害関係を有しない取締役1名が賛成している以上、出席取締役の過半数の賛成があった

ことになるので、取締役会の決議は有効である。
乙説（無効説）
　商法所定の決議には、1名だけの決議ということはありえないと解せられるので、所問の決議は無効である。
丙説（無効説）
　商法所定の取締役会の決議は、出席した取締役の議決権が、商法または定款所定の最低員数が確保されていることを要件としていると解せられるが、本問においては、特別利害関係人の議決権を除外すれば、右決議要件を欠くことになり、たとえ、利害関係のない取締役であっても、その決議は無効である。
後段
　甲説
　　商法第258条を類推適用し、本問に関する事項のみについて、取締役の職務を行う者1名を選任し、利害関係を有しない取締役1名の2名によって決議する。
　乙説
　　株主総会を開催し、取締役の員数を増加する定款変更の決議および取締役選任の決議をし、特別利害関係のある取締役の議決権を除外しても、商法または定款所定の最低員数を確保したうえで決議する。
［回答］
　左記のとおり回答する。
記
前段　甲説を相当と考える。
後段　前段により了知されたい。

　（ハ）　特別利害関係ある取締役が議長となることの可否
　　　特別利害関係ある取締役が、当該利益相反取引を決議する

第7章　株式会社と取締役等との利益相反取引

取締役会の議長となることの可否については、会社法上に規定がなく、登記先例もない。

判例は、特別利害関係ある取締役が利益相反取引を決議する取締役会の議長となることを、ほぼ一貫して否定している（会社法重要判例解説199頁）。取締役は会社に対して、自己の利益よりも会社の利益を優先させるべき義務を負っている（平成8年度重要判例解説101頁参照）。

最高裁判決（最判平4・9・10商事法務別冊230・145）は、原審である次の東京高裁判決を是認する。「議長の職務が、その地位において議事を主宰し、その整理、進行にあたることにあることは、控訴人の主張するとおりであるが、議長としてのかかる権限行使の結果が審議の過程全体に影響を及ぼし、その態様いかんによっては不公正な決議の結果を導き出すおそれがあることは明らかなところであるから、議決権の行使さえしなければ議長としての職務を行っても決議の結果を左右することはないということはできない。」（東京高判平3・7・17商事法務資料版102・149）。

また、甲会社（代表取締役A）が所有する土地を、Aが代表取締役である乙会社に売却するについて、この可否を決する甲会社の取締役会でAが議長となり、かつ決議に参加した場合は、本件決議は無効と解すべきとする判決がある（【判例25】）。

【判例25】東京高判平8・2・8商事法務資料版151・142（特別利害関係ある取締役が議長）
「原判決の指摘するように、本件取締役会決議には、議決権のない者が決議に参加した瑕疵のほかに、特別利害関係人として議決権を否

定される者が議事を主宰した瑕疵があり、これらの瑕疵を帯びた本件決議は無効と解すべきである。(省略)両会社の株主構成が近似していても相違がある以上、実質上の同一会社とはいえないのであって、両者の利益が相反することを否定することはできない。そして、特別利害関係人として議決権のない取締役は、当該決議から排除されるべき者であり、そのような者に議長として議事を主宰する権限を認めることができないことは、特別利害関係人を排除する趣旨からみて当然のことといわねばならない。」

(二) 議長の議決権

取締役会の議長である取締役は、取締役会の決議事項と特別利害関係がなければ、取締役として議決権を有する(会社369①・②参照)。

定款に、出席取締役の賛否同数のときは議長の決するところによる旨が定められている場合において、一度取締役として議決権を行使した議長が、賛否同数であるとして再度採決権を行使して決議を成立させることは、商法(旧商法)260条ノ2の法定決議要件の緩和となるから、認められないとする裁判例(【判例26】)および先例(〘先例30〙(153頁))がある。もっとも、賛否同数となった後に「議長一任」の決議が過半数の賛成で成立した場合は、当該決議は有効である(江頭・株式会社法416頁注14)。この場合は、議長に決裁権が認められるが、これは取締役会決議の執行として議長が決裁権を行使するものである(会社法コンメンタール8・291頁〔森本滋〕)。

【判例26】 大阪地判昭28・6・19下民集4・6・886(議長の議決権)
「新株発行に関する決議を目的とする取締役会を開催し、取締役6名全員出席し代表取締役Aが議長席に着き、之が審議を進め表決をなし

第7章　株式会社と取締役等との利益相反取引

たところ、内3名は主文記載の通りの原案に賛成し3名は反対した結果可否同数となった。ところが被告会社取締役会規定第8条には「取締役会の決議は総取締役の過半数が出席し出席取締役の過半数を以て決し可否同数の時は議長の決するところによる」との条項があるところから、A議長は原案に賛成の意思を表明し、之により請求の趣旨記載の決議が可決された旨の宣言があった。併し商法（筆者注：旧商法）第260条の2は取締役会の決議は取締役の過半数が出席し、其の出席取締役の過半数を以て之を為すことを定めると共に、但し書に於て定款を以て此の要件を加重することを認めているが、此の要件を軽くすることは認めていないのであるから、可否同数の場合議長をして決せしめるとの右規定は同条に違反するものである。（略）

　通常可否同数の場合議長委員長等の決するところによるとの規定のなされる場合の議長委員長等は最初の表決に参加せず可否同数となったとき初めて投票権を行使すべきものであるに拘らず、<u>本件に於ては議長が最初から議決権を行使した上可否同数となった後、重ねて議決権を行使したものであるから本件取締役会決議は此の点に於ても無効である。</u>」（傍線は筆者による）。

〘**先例30**〙 昭34・4・21民甲772（取締役会の決議が可否同数のときは議長が決する旨の定款の規定の効力）

［照会］
　株式会社の定款に、取締役会の決議は出席した取締役の過半数をもって決し可否同数のときは議長これを決するとの規定は、社会通念に照らし有効と考えますが、決議要件を軽減することになるから商法（筆者注：旧商法）第260条ノ2第1項の規定に反し無効であるとの説があって決しかねますので、何分の御指示お願いいたします。
　参照　商法（会社法Ⅱ）石井照久著307頁　下級裁判所民事裁判例集

第4巻第6号886頁(昭和28・6・19言渡の大阪地方裁判所判決
[回答]
後段意見のとおり無効と考える。

  (ホ) 取締役の議決権の行使
   ⓐ 特別の利害関係を有する取締役
　　取締役会設置会社における取締役会の決議について特別の利害関係を有する取締役は、議決に加わることができない（会社369②）。特別の利害関係を有する取締役とは、決議につき個人的利害関係を有する取締役の意味であり、取締役は会社と委任関係に立ち、会社のために忠実にその職務を遂行する義務を負う者であるから（会社355・忠実義務）、いわゆる個人的利害関係とはこの任務と矛盾するような利害関係と解さなければならない（大隅＝今井・会社法論中200頁）。登記研究632号149頁は、「取締役が特別利害関係人になるのは、(略)取引によって取締役個人が利益を受ける場合である」と述べている。
　　会社法369条2項でいう取締役会の決議について「特別の利害関係を有する取締役」としては、会社法356条1項・365条1項で規定する競業取引や利益相反取引をする取締役、譲渡制限株式の譲渡承認に係る取締役（会社139①）、第三者割当方法による株式募集を引き受ける特定の取締役（会社199②・201①）等が該当する。このように会社法369条2項の「特別の利害関係を有する取締役」とは、会社法356条1項・365条1項に規定する取締役と会社とが利益相反取引となる場合の取締役のみを指すものではない。
　　上記に記述したように、取締役会で利益相反取引の可否

第 7 章　株式会社と取締役等との利益相反取引

を決議するに際し、利益相反取締役は特別の利害関係を有する取締役となり、議決に加わることができない（会社369②）。この特別利害関係人の範囲につき、「取引相手方である個人のみならず、相手方会社の代表取締役である者も特別利害関係人に該当する」とする見解があるが（江頭・株式会社法442頁注6）、これに反対する見解として次のものがある。「注意すべきことは、会社間自己取引にあっては、当該自己取引をする取締役は、『自己取引原因取締役』ではあっても、『特別利害関係取締役』とはならず、当該取締役会において議決権を行使できるものと考えられるということである。法務省民事局長回答昭和34年3月31日民事甲第669号（筆者注：ⓒ⑤）、同昭和41年8月10日民事甲第1877号（ⓒ②の〖**先例42**〗（217頁））は、この立場を採っている。」（親子会社の法律と実務159頁）。

　なお、特別の利害関係を有する取締役の利益相反取引を審議する取締役会における審議への参加の可否については、158頁(ヘ)を参照。

ⓑ　取締役が議決権を行使できない例

　会社と利益相反取引をする取締役は、会社法369条2項の「特別の利害関係を有する取締役」に該当し、その利益相反取引を議決する取締役会において自己の議決権を行使することができない。例を挙げる。

①　甲会社の取締役であるＡ（代表取締役・取締役であるかを問わない）が、甲会社に金員を貸し付ける（あるいは甲会社から貸し付けを受ける）行為をする場合、または、甲会社所有の不動産を当該会社の取締役Ａが買い受

ける、または、取締役Ａに売り渡す行為をする場合は、外形上、甲会社と取締役Ａとは利害関係が衝突する（会社法356条1項2号の直接取引に該当し、取締役Ａに個人的利害関係が生じる）ので、取締役Ａは、会社法356条1項2号・365条1項の規定に基づく利益相反取引を審議する甲会社の取締役会において、「特別の利害関係を有する取締役」に該当し、議決権を行使することができない。

② 甲会社の取締役全員が連帯債務者(甲会社は非債務者)となり、各取締役および甲会社所有の不動産に抵当権を設定するには、甲会社（取締役会設置会社）の取締役会の承認を要するが（〚先例36〛（212頁）、〚先例37〛（214頁）を参照）、取締役全員が特別の利害関係を有する取締役となるので取締役会で承認決議をすることができず、抵当権を設定することはできない（〚先例41〛（216頁））。

ⓒ 取締役が議決権を行使できる例

次の例の場合は利益相反取引の承認決議は要するが、取締役は特別の利害関係を有する取締役に当たらないとされている。

① 代表取締役が同一Ａである甲会社・乙会社間（いずれも取締役会設置会社)で不動産の売買契約をする場合に、代表取締役Ａは、利益相反取引を議決する取締役会で議決権を行使することができる（Q＆Ａ210選326頁、大隅＝今井・会社法論中201頁）。

本件の売買契約は会社間の取引であるから、Ａは特別の利害関係を有する取締役に該当しないが、利益相反取

引に該当する（会社法356条1項2号の「取締役が（略）第三者のために株式会社と取引をしようとするとき」に該当）。したがって、所有権移転登記の申請情報と併せて利益相反取引を承認した両会社の取締役会議事録（印鑑証明書付・会社法人等番号）も提供しなければならない（Ｑ＆Ａ210選327頁）。

② 取締役会の構成員を同じくする甲会社・乙会社において、債務者甲会社のために乙会社が抵当権を設定する場合は、乙会社の取締役会の承認を要するが、この取締役会で各取締役は有効に議決権を行使することができる（〖先例42〗（217頁）、Ｑ＆Ａ210選328頁。先例の事案は、甲会社・乙会社の取締役は同一であるが、代表取締役は同一人ではない）。

　本件で利益相反となるのは乙会社自身の行為であって、取締役個人と甲会社との間には直接の利益相反行為はなく、各取締役は特別の利害関係を有する取締役に該当しない（先例解説総覧635頁、実務からみた不動産登記の要点Ⅰ138頁参照）。

③ 債務者甲会社（代表取締役Ａ、取締役ＢＣ）の債務を担保するために、乙会社（代表取締役Ｂ、取締役ＡＣ）所有の不動産に抵当権を設定する場合は、乙会社（取締役会設置会社）の取締役会の承認を要するが、この取締役会で各取締役全員は有効に議決権を行使することができる（登研528・184、②と同一事例）。

④ 乙会社（代表取締役Ａ、取締役ＢＣＧ）の債務を担保するために、甲会社（代表取締役Ａ、取締役ＢＣＤＥＦＧ）所有の不動産に抵当権を設定することは利益相反取引になる。利益相反取引の承認決議をする甲会社（取締

役会設置会社）の取締役会においては、甲会社の取締役全員は議決権を行使することができる。この場合、利益相反行為となるのは甲会社自身の行為であって、取締役個人と乙会社との間には直接に利益相反行為となる行為はない（実務からみた不動産登記の要点Ⅰ141頁）。

⑤　債務者甲会社、抵当権設定者乙会社の代表取締役が同一Aである場合において、抵当権設定契約の承認を求める乙会社の取締役会において、Aは特別の利害関係を有する取締役に該当しないが、取締役会の承認議事録は、提供しなければならない（名法・登記情報19号75頁）。

⑥　労働金庫が地域消費生活協同組合（以下「生協」という。）に資金貸付けをすることにつき労働金庫の理事会の承認をするに当たり、生協の役員に労働金庫の理事および監事である者がいる場合であっても、労働金庫の理事会において、生協の理事および監事を兼ねている者も議決権を行使することができる（昭34・3・31民甲669、労金37の3①・39②参照）。

(ヘ)　特別利害関係ある取締役の審議参加

特別利害関係ある取締役は、取締役会において当該特別利害関係ある議決に加わることができない（会社369②）が、利益相反取引となる取締役は、取締役会設置会社にあっては取締役会で、当該取引につき重要な事実を開示しなければならないので（会社356①・365①）、取締役会に出席しなければならないであろう（会社法コンメンタール8・239頁〔北村雅史〕参照）。旧商法当時の登記研究誌(昭和61年2月号)の質疑応答であるが、議決権を行使できない取締役であっても取締役会への出席はできる、という回答がある（登研457・121）。この質疑応答当時

の旧商法（昭和56年法律74号）は、取締役の競業承認については、競業取締役が取締役会において承認決議前に取引につき重要なる事実を開示すべき旨を定める（旧商264①）が、利益相反取引については、このような事前開示義務を定めていない（旧商265①）。

　特別利害関係を有する取締役が利益相反取引の議題の審議に参加することができるか否かにつき、特別利害関係を有する取締役には、取締役会における意見陳述権もなく、退席を要求されれば指示に従わなければならないとする見解がある（江頭・株式会社法416頁の注15）。また、特別利害関係を有する取締役には意見陳述権はなく、特別利害関係ある議題の審議中は取締役会の席にとどまる権利を有しないが、取締役会が特別利害関係を有する取締役に、意見陳述ないし釈明の機会を与え、あるいは席にとどまることを認めることは自由であるとする見解もある（前田・会社法入門461頁）。

（ト）　特別利害関係を有する取締役が議決権を行使した場合

　特別利害関係を有する取締役が議決権を行使した場合の取扱いについては、会社法に規定がない。特別利害関係を有する取締役が議決権を行使した場合であっても、その者を除いてなお決議の成立に必要な多数が存するときは、決議の効力は妨げられないと解されている（大隅＝今井・会社法論中200頁、注釈会社法(6)118頁〔堀口亘〕）。

（チ）　取締役会の決議を要しないとした判例と登記実務の取り扱い

　判例は、次の①または②の場合には、利益相反取引について取締役会の承認を要しないとしている。ただし、登記実務の取り扱いについては③から⑤までを参照。

① 株主全員の合意がある場合

取締役と会社との取引が株主全員の合意によってなされた場合には、当該取引について取締役会の承認を要しない（【判例27】（162頁））。

〔参考〕

後掲②の判決が会社と取締役とを実質的に同一であると考え、両者間の取引をいわば1人の人間が右の手に持っている物を左の手に移すにすぎず、そこには実質的な利害相反関係のないことを取締役会の承認を要しないことの根拠としたのに対し、この①の判決は、右のような実質的利害相反という視点からではなく、会社の利害は株主の利害であり、取締役会の承認は右株主の利益保護のための制度であるから、保護されるべき株主において合意している以上もはや取締役会の承認を要しないとするのであって、かなり異った視点から判断している（最高裁判例解説昭和49年度122頁〔田尾桃二〕）。②の判決に対しては、会社債権者の利益を考えていないという批判がなされている（民商法雑誌64・6・1083）。

なお、①の判決については、その後、この立場を踏襲する最高裁判決は見当たらないが、一人会社の単独株主が利益相反となる取引に同意していれば取締役会の承認を要しないという裁判例がある（東京高判昭54・9・25判タ401・152、東京高判昭51・12・16判時847・90、京都地判昭62・8・27判タ662・209）。

② 1人株主が取締役である場合

会社と取締役間に商法265条（取締役会社間の取引。昭和25年法律167号）所定の取引がなされる場合でも、この取

第 7 章 株式会社と取締役等との利益相反取引　　161

締役1人が会社の全株式を所有し、会社の営業が実質上この取締役の個人経営のものにすぎないときは、当該取引によって両者の間に実質的に利害相反する関係を生ずるものでなく、当該取引については、同条所定の取締役会の承認を要しない（【判例28】（163頁））。次の③を参照。

③　登記研究357号82頁質疑応答

　株主が1人の株式会社で、当該株主が代表取締役である場合でも、当該代表取締役が株式会社所有の不動産を譲り受けその所有権移転登記をするときは、取締役会議事録の添付を要する。次の④⑤を参照。

④　登記インターネット3巻11号204頁相談事例・監修　東京法務局民事行政部不動産登記部門

＜事例＞

　代表取締役Aがいずれも同じである甲株式会社と乙株式会社との間で、甲会社が所有する不動産を乙会社に売却した。甲会社は、乙会社の全株式を所有する（100％親子会社）。

＜答＞

　1人株主が取締役である場合、【判例28】（上記②）は、取締役会における利益相反取引の承認決議は不要としている。本事例の場合は、【判例28】（上記②）と同様に、甲会社と乙会社の利害は実質的に同一であり、両者の間で利益

相反が生じることはあり得ないといえる。したがって、取締役会の承認決議は不要と考えられる。しかし、両会社の代表取締役が同じであることから、直接取引の外形を有するので、登記官は、利益相反取引と判断する（株主名は登記事項でない。）。

　したがって、取締役会の承認を要しないケースであることを申請人が疎明することになる。疎明情報は次のとおりである。

(1)　甲会社のA以外の代表取締役、または、A以外の取締役全員が作成した、取引時点で、乙会社が甲会社の100％出資の子会社である旨の証明書（印鑑証明書付・会社法人等番号）。

(2)　取引時点の乙会社の株主名簿
　　乙会社のA以外の代表取締役、または、A以外の取締役全員が証明したもの（印鑑証明書付・会社法人等番号）。

(3)　取引時点の発行済株式総数が分かる乙会社の登記事項証明書。

〔参考〕
　　実務相談株式会社法3・238頁も、親会社が子会社の株式を100％所有している場合には、実質的に同一体であるので、承認を要しないとしている。

⑤　合意が株主総会でされた場合（登研632・145）
　　株主全員の合意が株主総会でされていれば、その議事録を提供する。

【判例27】最判昭49・9・26民集28・6・1306（株主全員の合意がある場合）

「商法（筆者注：旧商法）265条が取締役と会社との取引につき取締役会の承認を要する旨を定めている趣旨は、取締役がその地位を利用して会社と取引をし、自己又は第三者の利益をはかり、会社ひいて株主に不測の損害を蒙らせることを防止することにあると解されるところ、（略）、A会社から〔A会社の取締役である〕Xへの〔A会社が有するY会社の〕株式の譲渡は、A会社の実質上の株主の全員であるXら前記5名の合意によってなされたものというのであるから、このように株主全員の合意がある以上、別に取締役会の承認を要しない」。

【判例28】最判昭45・8・20民集24・9・1305（会社の営業が実質上利益相反取締役の個人経営のものにすぎないとき）

「原審の確定した右事実関係のもとにおいては、本件売買契約締結当時には、被上告会社は株式会社の形態をとっているとはいえ、その営業は実質上、上告人Aの個人経営のものにすぎないから、被上告会社の利害得失は実質的には上告人Aの利害得失となるものであり、その間に利害相反する関係はない。したがって、上告人Aがその所有の本件土地を被上告会社に売り渡すことについて、両者の間に実質的に利害相反の関係を生じるものではないというべきである（筆者注：売買契約締結当時においては、上告人Aが被上告会社の株式全部を所有していた。）。

ところで、商法265条（筆者注：旧商法。以下同じ。）が、会社と取締役との間の同条所定の取引について取締役会の承認を要するものとしている趣旨は、取締役個人と株式会社との利害相反する場合において取締役個人の利益を図り、会社に不利益な行為が行なわれることを防止するにあるのであるから、会社と取締役間に商法265条所定の取引がなされた場合でも、前段説示のように、実質的に会社と当該取締

役との間に利害相反する関係がないときには、同条所定の取締役会の承認は必要ないものと解するのが相当である」。

（四）取締役全員の同意による取締役会決議の省略（取締役会設置会社の場合）

（イ）定款の定め・取締役全員の同意

取締役会設置会社は、定款で定めることにより、取締役が取締役会の決議の目的である事項について提案をした場合において、当該提案につき取締役（当該事項について議決に加わることができるものに限る。）の全員が書面または電磁的記録により同意の意思表示をしたとき（監査役設置会社にあっては、監査役が当該提案について異議を述べたときを除く。）は、当該提案を可決する旨の取締役会の決議があったものとみなすことができる（会社370。以下、この決議方法を「書面決議」という場合がある。）。提案事項について議決権を行使することができる取締役全員の同意が必要であり、多数決によることはできない（194頁(4)を参照）。この書面決議を採用することができる会社に制限はない。

取締役会の決議があったものとみなされた事項については、会社法施行規則101条4項1号の規定による取締役会議事録を作成しなければならない（194頁(4)を参照）。

（ロ）特別利害関係ある取締役の取り扱い

提案された取締役会の目的事項について特別利害関係が認められる取締役は、取締役会の議決に加わることができないため、「同意」の意思表示は求められていない（会社370括弧書参照）。したがって、特別利害関係ある取締役に対しては、提

案の通知をする必要がない（会社法コンメンタール8・313頁〔森本滋〕）。

(ハ)　監査役の同意

監査役が会計監査権限のみを有する場合（会社389①）には、当該株式会社は監査役設置会社には該当せず、その監査役は異議を述べる権利を有しない。監査役の異議の対象は、取締役会の決議を省略することに対してではなく、取締役会の決議の目的である事項に係る提案の内容とされている（論点解説368頁）。

(3)　包括的承認の可否

利益相反取引の承認は個々の取引について与えられることを要するが、反復してなされる同種同型の取引につきその取引の相手方・種類・価格・期間・数量または金額による限度等（取引の重要な部分）を定めて包括的に承認を与えること（例えば、銀行において短期貸付または手形の割引につき1か月何万円を限度として承認すること）は、単なる抽象的概括的な承認と異なり、差し支えないとする見解がある（大隅＝今井・会社法論中243頁、実務相談株式会社法3・212頁）。

(4)　**重要事実の事前開示・事後報告**

(一)　重要事実の事前開示

取締役が、①自己または第三者のために株式会社と取引をしようとするとき（直接取引）、または、②株式会社が取締役の債務を保証することその他取締役以外の者との間において株式会社と当該取締役との利益が相反する取引をしようとするとき（間接取引）は、株主総会（取締役会設置会社にあっては取締役会）において、当該取引につき重要な事実を開示し、その承

認を受けなければならない（会社356①・365①）。

　重要な事実の開示は、株主総会・取締役会が、直接取引または間接取引を承認するか否かの資料を提供するために行われるものである。具体的には、取引の種類、目的物、価格、数量、履行期等である。間接取引の場合は、相手方、返済能力（保証契約の場合）等も開示される（会社法コンメンタール8・84頁〔北村雅史〕）。

（二）　事後開示

　取締役会設置会社にあっては、会社法356条1項2号および3号の利益相反取引をした取締役は、当該取引後、遅滞なく、当該取引についての重要な事実を取締役会に報告しなければならない（会社365②）。

4　利益相反取引についての議事録等の作成

　利益相反取引を承認した株主総会または取締役会の議事録は、不動産登記令7条1項5号ハに規定する「登記原因について第三者の許可、同意又は承諾を要するときは、当該第三者が許可し、同意し、又は承諾したことを証する情報」に該当する。

　後掲の〚先例31〛（167頁）は、利益相反取引を承認した法律行為に係る不動産登記の申請をするときは、利益相反取引を承認した株主総会または取締役会の議事録を「第三者の承諾を証する情報」として申請情報と併せて提供しなければならないとしている。

　この「第三者が承諾したことを証する情報」としては、次の情報のいずれかが該当する（詳細は各項目を参照）。

第7章　株式会社と取締役等との利益相反取引

```
┌─────────────────────────────────┐
│ 第三者が承諾したことを証する情報の種類 │
└─────────────────────────────────┘
```

取締役会非設置会社

① 株主総会を開催した場合
　→　株主総会議事録
　（会社309①、会社規72③）

② 書面等による同意の場合
　→　株主総会議事録
　（会社319①、会社規72④一）

③ 書面等による同意の場合
　→　株主全員の同意書
　（会社319①）

取締役会設置会社

① 取締役会を開催した場合
　→　取締役会議事録
　（会社369、会社規101③）

② 書面等による同意の場合
　→　取締役会議事録
　（会社370、会社規101④一）

③ 書面等による同意の場合
　→　取締役全員の同意書・監査役が異議を述べなかったことを証する情報
　（会社370）

　不動産登記申請に伴う利益相反行為についての承認を証する情報については、平成18年5月1日の会社法施行に伴い、次の「会社法等の施行に伴う不動産登記事務の取扱いについて」の民事局長通達が出されている（本件通達については、「利益相反行為についての承認を証する情報」に係る部分のみ掲載する。通達文中の丸数字は、筆者が挿入したものである。）。

〚**先例31**〛平18・3・29民二755（第三者の承諾を証する情報）
　「6　利益相反行為についての承認を証する情報
① 　取締役が自己若しくは第三者のために株式会社と取引をしようとするとき又は株式会社が取締役の債務を保証することその他取締役以外の者との間において株式会社と当該取締役との利益が相反する

取引をしようとするときは、当該取締役は、取締役会設置会社（法（筆者注：会社法。以下同じ）第2条第7号）においては取締役会、取締役会設置会社以外の株式会社においては株主総会の承認を、それぞれ得なければならないとされた（法第365条第1項、第356条第1項第2号及び第3号）。

② また、業務を執行する社員が自己若しくは第三者のために持分会社と取引をしようとするとき又は持分会社が業務を執行する社員の債務を保証することその他社員でない者との間において持分会社と当該社員との利益が相反する取引をしようとするときは、当該社員は、当該社員以外の社員の過半数の承認を受けなければならないとされた（法第595条第1項）。

③ したがって、これらの場合に提供すべき第三者の承諾を証する情報は、それぞれ、取締役会議事録、株主総会議事録、他の社員の過半数の一致があったことを証する情報となる（整備法（筆者注：会社法の施行に伴う関係法律の整備等に関する法律（平成17年法律87号））による改正後の商業登記法（昭和38年法律第125号。以下「新商登法」という。）第46条第2項、第93条、第111条、第118条参照）。

④ なお、法第319条第1項の規定により株主総会の決議があったものとみなされた場合又は法第370条の規定により取締役会の決議があったものとみなされた場合に提供すべき第三者の承諾を証する情報は、それぞれ、株主全員の同意の意思表示があったことを証する情報又は取締役全員の同意の意思表示があったことを証する情報（監査役設置会社においては、これに加えて監査役が異議を述べなかったことを証する情報）となる。」

(1) 株主総会議事録（株主総会を開催した場合）

（一） 株主総会議事録の記載事項

株主総会の議事については、法務省令（会社規72）で定めるところにより、書面または電磁的記録（会社26②）をもって作成し

第7章　株式会社と取締役等との利益相反取引　　169

なければならない（会社318①、会社規72①②）。

　株主総会の議事録は、次に掲げる事項を内容とするものでなければならない（会社規72③）。

①　株主総会が開催された日時および場所（当該場所に存しない取締役、執行役、会計参与、監査役、会計監査人または株主が株主総会に出席をした場合における当該出席の方法を含む。）

　　この規定は、株主総会を開催する場所に物理的に出席しなくても、取締役会などと同様、テレビ会議あるいは電話会議のように、情報伝達の双方向性および即時性が確保されるような方式で株主等が株主総会に出席することができることを前提とした規定である（弥永・会社法施行規則361頁）（〚先例32〛(171頁））。

②　株主総会の議事の経過の要領およびその結果

③　次に掲げる規定により株主総会において述べられた意見または発言があるときは、その意見または発言の内容の概要

　(1)　会社法345条1項（同条4項および5項において準用する場合を含む。）（会計参与等の選任等についての意見の陳述）

　　　会計参与は、株主総会において、会計参与の選任もしくは解任または辞任についての意見を述べることができる。監査役、会計監査人に準用。

　(2)　会社法345条2項（同条4項および5項において準用する場合を含む。）（会計参与等の辞任理由の陳述）

　　　会計参与を辞任した者は、辞任後最初に招集される株主総会に出席して、辞任した旨およびその理由を述べることができる。監査役、会計監査人に準用。

(3) 会社法377条1項（会計参与の意見の陳述）

　　会社法374条1項（会計参与が作成する計算書類等）に規定する書類の作成に関する事項について会計参与が取締役と意見を異にするときは、会計参与（会計参与が監査法人または税理士法人である場合にあっては、その職務を行うべき社員）は、株主総会において意見を述べることができる。

(4) 会社法379条3項（会計参与の報酬意見の陳述）

　　会計参与（会計参与が監査法人または税理士法人である場合にあっては、その職務を行うべき社員）は、株主総会において、会計参与の報酬等について意見を述べることができる。

(5) 会社法384条（株主に対する報告義務）

　　監査役は、取締役が株主総会に提出しようとする議案、書類その他法務省令（会社規106）で定めるものを調査しなければならない。この場合において、法令もしくは定款に違反し、または著しく不当な事項があると認めるときは、その調査の結果を株主総会に報告しなければならない。

(6) 会社法387条3項（監査役の報酬意見の陳述）

　　監査役は、株主総会において、監査役の報酬等について意見を述べることができる。

(7) 会社法389条3項（会計監査権限のみの監査役の報告）

　　監査の範囲を、会計に関するものに限定する旨の定款の定めがある株式会社の監査役は（会社389①②）、取締役が株主総会に提出しようとする会計に関する議案、書類その他の法務省令（会社規108）で定めるものを調査し、そ

第7章　株式会社と取締役等との利益相反取引　　171

の調査の結果を株主総会に報告しなければならない。
（8）会社法398条1項（会計監査人の意見の陳述）

　会社法396条1項（会計監査人による計算書類等の作成）に規定する書類が法令または定款に適合するかどうかについて会計監査人が監査役と意見を異にするときは、会計監査人（会計監査人が監査法人である場合にあっては、その職務を行うべき社員）は、定時株主総会に出席して意見を述べることができる。

（9）会社法398条2項（会計監査人の意見の陳述）

　定時株主総会において会計監査人の出席を求める決議があったときは、会計監査人は、定時株主総会に出席して意見を述べなければならない。

④　株主総会に出席した取締役、執行役、会計参与、監査役または会計監査人の氏名または名称

⑤　株主総会の議長が存するときは、議長の氏名

⑥　議事録の作成に係る職務を行った取締役の氏名

　「議事録の作成に係る職務を行った取締役の氏名」とは、議事録案の最終決裁者であると解される。すなわち、代表取締役社長が決裁した場合は代表取締役社長、総務部担当取締役が決裁し、代表取締役社長に報告している場合は、総務担当取締役（例：議事録作成者　取締役総務部長甲某）ということになる（弥永・会社法施行規則363頁、下山・商事法務48頁）。

〚先例32〛平14・12・18民商3045（電話会議の方法による取締役会議事録を添付した登記の申請）

［照会］

　登記の申請書に電話会議の方法による別紙の取締役会議事録を添付

した申請があった場合には、同議事録は、出席取締役が一堂に会するのと同等の相互に充分な議論を行うことができる会議の議事録として、適式な取締役会議事録と認められるので、本件登記の申請については、これを認めて差し支えないものと考えますが、いささか疑義がありますので、照会します。

別紙

取締役会議事録

　平成14年12月2日午前9時30分から、当社本店会議室及び当社大阪支店会議室において、電話回線及び電話会議用装置からなる電話会議システムを用いて、取締役会を開催した。

　　開催場所　　東京都〇〇区〇〇1－1－1当社本店会議室

　　　　　　　　大阪府大阪市〇〇区〇〇2－2－2当社大阪支店会議室

　　出席取締役及び監査役

　　　当社本店会議室　　　取締役A、B及び監査役D

　　　当社大阪支店会議室　取締役C

　上記のとおり、本店会議室及び大阪支店会議室における全取締役及び監査役の出席が確認され、代表取締役Aが議長となって、本取締役会は電話会議システムを用いて開催する旨宣言した。

　電話会議システムにより、出席者の音声が即時に他の出席者に伝わり、出席者が一堂に会するのと同等に適時的確な意見表明が互いにできる状態となっていることが確認されて、議案の審議に入った。

　　（中略）

　本日の電話会議システムを用いた取締役会は、終始異状なく議題の審議を終了したので、議長は午前11時10分閉会を宣言した。

　この議事の経過の要領及び結果を明確にするため、本議事録を作成し、出席取締役及び監査役はこれに記名捺印する。

　　平成14年12月3日

　　　　　議長　代表取締役社長　　　A　　　印

　　　　　　　　取締役　　　　　　　B　　　印

　　　　　　取締役　　　　　C　　印
　　　　　　監査役　　　　　D　　印
［回答］
貴見のとおりと考えます。

　（二）　議事録の記名押印
　（イ）　「第三者の承諾を証する情報」とする場合の記名押印者
　　株主総会議事録を「第三者の承諾を証する情報」とする場合の取り扱いは、次のようになる。
　①　記名押印者
　　　取締役会非設置会社における利益相反取引を承認した株主総会議事録は、不動産登記令7条1項5号ハの「第三者の承諾を証する情報」に該当する。
　　　権利に関する登記の申請情報と併せて提供しなければならない「第三者の承諾を証する情報」（株主総会議事録）を記載した書面には、法務省令（不登規50①）で定める場合*1を除き、作成者が記名押印しなければならない（不登令19①・②参照）。議事録作成者以外の出席取締役・出席監査役については、記名押印を要しない（協議結果集29年33頁参照）。
　＊1　［法務省令で定める場合（不登規50①）］
　　　不動産登記令19条1項の法務省令で定める場合は、同意または承諾を証する情報を記載した書面の作成者が署名した当該書面について公証人またはこれに準ずる者の認証を受けた場合とする。
　　　　＜参考＞　公証人に準ずる者とは
　　　　　　公証人法8条＝「法務局若ハ地方法務局又ハ其ノ支局ノ管轄区域内ニ公証人ナキ場合又ハ公証人其ノ職務ヲ行フコト能ハサル場合ニ於テハ法務大臣ハ当該法務局若ハ地方法務

局又ハ其ノ支局ニ勤務スル法務事務官ヲシテ管轄区域内ニ於テ公証人ノ職務ヲ行ハシムルコトヲ得」。

このほかに、日本国領事、外国官署が想定される（逐条解説不動産登記規則491頁）。

② 押印すべき印鑑

利益相反取引を承認した株主総会議事録に、当該書面の「作成者」として記名押印する者が代表者の場合は登記所に届出をしている印を押し、代表者でない場合は個人の印鑑証明書の印を押す（協議結果集29年33頁、登記情報539号94頁、〘先例33〙（176頁）、〘先例34〙（176頁）。なお、次の③を参照）。

③ 印鑑証明書等

申請情報と併せて登記所に提供する「第三者の承諾を証する情報」（株主総会議事録）が書面の場合には、官庁または公署の作成に係る場合その他法務省令（不登規50②）で定める場合*2を除き、その書面に記名押印した者の印鑑証明書を添付しなければならない（不登令19②）。また、記名押印者の資格証明情報（登記事項証明書等）を承諾を証する情報の一部として添付することを要する（逐条不動産登記令80頁、登研535・175参照）が、この資格証明情報に代えて、会社法人等番号を提供することができる（平27・10・23民二512・2(4)）。

議事録作成者以外の出席取締役・出席監査役については、印鑑証明書および資格証明情報の提供を要しない（協議結果集29年33頁参照）。

*2　［法務省令で定める場合（不登規50②）］
　　次の場合である（不登規48①一～三を準用）。
　　① 申請を受ける登記所が、添付すべき印鑑に関する証明書を

第7章 株式会社と取締役等との利益相反取引

　　　　作成すべき登記所と同一であって、法務大臣が指定した登記
　　　　所以外のものである場合
　　　　〔法務大臣が指定した登記所〜平17・3・7法務省告示123〕
　　　　　東京法務局・横浜地方法務局・名古屋法務局・大阪法
　　　　　務局・京都地方法務局・神戸地方法務局・福岡法務局
　　② 申請人またはその代表者もしくは代理人が記名押印した
　　　同意または承諾を証する情報を記載した書面について、公証
　　　人またはこれに準ずる者の認証を受けた場合
　　③ 裁判所によって選任された者がその職務上行う同意また
　　　は承諾の同意または承諾を証する情報を記載した書面に押
　　　印した印鑑に関する証明書であって、裁判所書記官が最高裁
　　　判所規則で定めるところにより作成したものが添付されて
　　　いる場合

(ロ) 「第三者の承諾を証する情報」としない場合の取り扱い
　株主総会議事録を「第三者の承諾を証する情報」としない場合（例えば、利益相反行為の承認以外の議案の場合）の取り扱いは、次のようになる。

　議長・取締役・監査役・議事録作成者の氏名は、株主総会議事録において明らかにしなければならないが、これらの者の署名または記名押印の義務は会社法または会社法施行規則上は、要求されていない。

　これは、株主総会議事録に対する出席取締役等の署名には、取締役会議事録に対する署名とは異なり、法的意味がなく、偽造や真正性の問題が署名や記名押印を要求することによってどれだけ解消されるかについても程度問題にすぎないことから、特に法令上、署名等を義務づける必要性がないと考えられたためである（新会社法関係法務省令の解説12頁）。なお、代表取締役の就任による変更登記における議事録への記名押印の必要性については、商業登記規則61条6項1号を参照。

〚先例33〛昭45・8・27民三454（議事録に押す印鑑）
　［照会］
　　中小企業金融公庫が自己の為にする登記（順位譲渡）の添付書類について
　　当行は中小企業金融公庫業務受託金融機関として代理貸付を行なっております。そこで当行が代理人となって中小企業金融公庫の資金の貸付を行なう場合、自己の有する根抵当権の順位を後順位中小企業金融公庫のため譲渡する場合に、原因証書（包括委任状に基づいて当行が中小企業金融公庫を代理して作成した順位譲渡契約証書）並びに商法第265条（筆者注：現行会社法356①二・365①）による取締役会の承認を証する書面を添付して登記申請する際取締役会の承認を証する書面（取締役会議事録）について出席取締役個人の署名、捺印は通常当行に届出のある印鑑をもってされればよいものと思料されますが当解釈にて差支えないか。
　［回答］
　　登記を申請する場合、取締役会議事録に署名捺印した取締役の印鑑証明書を添付する必要があるので（登記官の形式審査上、当該議事録の成立の真正を担保するため）、代表取締役については登記所に、代表取締役以外の取締役については市町村にそれぞれ登録している印鑑を捺印する必要があるものと考える。

〚先例34〛昭39・4・6民甲1287（印鑑証明書の提出）
　［照会］
　　甲・乙両株式会社の代表取締役が同一人で甲株式会社の所有にかかる不動産を乙株式会社に売り渡し、その登記申請をするときは、甲・乙両株式会社の取締役会の承認を証する書面及び出席取締役の印鑑証

第7章　株式会社と取締役等との利益相反取引　　177

　明書の添付を要しますが（昭和37年6月27日付民事甲第1657号貴職回答）、商業登記法（筆者注：昭和38年法律125号）が本年（筆者注：昭和39年）4月1日より施行になると、登記所に印鑑を提出すべき者は代表取締役のみとなるので（同法第20条及び新商業登記規則（案）附則第11項ならびに同第12項参照）、代表取締役以外の取締役の印鑑証明書の交付が受けられないから、その提出は不能となり且つ又、取締役につき、取締役たる者個人の住所地の市町村長又は区長が証明する印鑑証明書を提出させるとしても、その取締役個人の住所は商法の一部を改正する法律（昭和37年法律第82号）により株式会社登記簿に記載しないことになっている関係上（商法第188条第2項第7号）、その個人の印鑑証明書が株式会社登記簿上の取締役と同一の者の印鑑証明書であるかどうかは確認し難く思われます。

　この場合、結局、取締役会議事録に署名した取締役につき、印鑑証明書を提出できるのは、甲・乙両株式会社の代表取締役についてのみとなりますが、これでは、商法第265条（筆者注：現行会社法356①二・365①）に該当する取引きがある場合に、その取引きを承認する取締役会議事録に印鑑証明書を添付せしめて、その「承認」の真正を担保させる目的の前掲先例の趣旨が事実上無意味なものとなるおそれがあります。この点いささか疑義が生じましたので、本年4月1日以降において甲・乙両株式会社につき、

　（1）　取締役会議事録に署名した者全員の印鑑証明書を提出させる。ただし、その場合、代表取締役以外の取締役については、その者個人の住所地の市町村長又は区長の証明する印鑑証明書の添付をさせるべきである

のか、又は、

　（2）　代表取締役のみの印鑑証明書で足りる

のか、或いは、

(3) 印鑑証明書の提出は一切要しない取扱いにすべきなのか、いずれによるべきか何分の御垂示を賜りたくお伺いします。

[回答]

貴見(1)の取り扱によるのが相当である。

追って、議事録に署名、捺印した取締役が印鑑証明書に表示されている者と同一人である旨の証明は、必要ないものと考えるので、念のため申し添える。

(三) 利益相反取引を承認した株主総会議事録の例（取締役会非設置会社が株主総会を開催した場合）

臨時株主総会議事録

平成○年○月○日午前○時○分より、当会社の本店において臨時株主総会を開催した。

　　議決権を行使できる株主数　　　　○名
　　この議決権の数　　　　　　　　　○個
　　出席株主数（委任状による者を含む）○名
　　この議決権の数　　　　　　　　　○個
　　出席取締役　A・B・C
　　出席監査役　D

以上のとおり議決権を行使することができる株主の議決権の過半数を有する株主が出席したので本会は適法に成立した。❶

よって、代表取締役Aは議長となり開会を宣言し、直ちに議事に入った。❷

　　　　議案　担保提供の件

議長は、当会社の代表取締役Aが株式会社△△銀行から金○万円の

融資を受けるにつき、その債務支払の保証として当会社が所有する後記記載の不動産に次の要領で抵当権を設定すること等重要な事実を説明した後、その賛否を議場に諮ったところ満場一致をもってこれを承認可決した。❸

記

　　登記の目的　　抵当権設定
　　債　権　額　　金○万円
　　利　　　息　　年○％（年365日の日割計算）
　　損　害　金　　年○％（年365日の日割計算）
　　不動産の表示　（省略）

　以上にて本日の議事を終了したので、議長は午前○時○分閉会を宣言した。この決議を明確にするため、この議事録を作成する。
　平成○年○月○日

甲株式会社
議事録作成者・代表取締役　A　㊞　❹

❶　株主総会の決議方法について定款に別段の定めがあるときは、その定めに従う（会社309①）。

❷　利益相反取締役は、株式総会において議長になることができる（143頁（ハ）を参照）。

❸　株主総会の議事の経過の要領およびその結果を記載する（会社規72③二）。

　決議の方法は普通決議である（会社309①）。普通決議は、定款に別段の定めがある場合を除き、議決権を行使することができる株主の議決権の過半数を有する株主が出席し、出席した当該株主の議決権の過半数をもって行う。株主総会においては、利益相反取締役が株主であるときは、株主として議決権を行使することができる（142頁（ロ）を参照）。

❹　議事録作成者が記名押印する（不登令7①五ハ・19①、詳細は（二）参照）。

代表取締役Ａが登記所に届け出た印鑑を押印する。資格証明情報として、代表者の資格を証する書面または会社法人等番号を提供する。

(四) 印鑑証明書・議事録の原本還付請求の可否

(イ) 印鑑証明書

書面申請をした申請人は、原則として、申請書の添付書面（磁気ディスクを除く。）の原本の還付を請求することができる。ただし、次の印鑑証明書については、原本の還付を請求することができない（不登規55①）。

① 不動産登記令16条2項の印鑑証明書＝申請書に押印した者（委任による代理人を除く。）の印鑑証明書。

② 不動産登記令18条2項の印鑑証明書＝委任状に押印した者の印鑑証明書。

③ 不動産登記令19条2項の印鑑証明書＝承諾を証する情報（議事録）を作成した者の印鑑証明書。利益相反取引を承認した株主総会議事録または取締役会議事録に記名押印した者は、この③の場合に該当するので、承諾を証する情報に添付した印鑑証明書の原本還付請求をすることができない（改正不動産登記法と登記実務389、登研726・87）。

④ 不動産登記規則48条1項3号（不動産登記規則50条2項において準用する場合を含む。）もしくは不動産登記規則49条2項3号の印鑑証明書＝裁判所によって選任された者がその職務上行う申請の申請書に押印した印鑑証明書であって、裁判所書記官が最高裁判所規則で定めるところにより作成したもの。

(ロ) 議事録

利益相反取引を承認した株主総会議事録または取締役会議事録は、必ずしも不動産登記規則55条1項で規定する「当該申

請のためにのみ作成された委任状その他の書面」とは限らないので、原本還付請求をすることができる（登研726・85参照）。
(2) 株主総会議事録等（会社法319条1項の規定により株主総会を開催しないで書面決議した例）
（一）　第三者が承諾したことを証する情報

　　利益相反取引について第三者が承諾したことを証する情報として、次の（イ）または（ロ）の情報を提供する（不登令7①五ハ）。
（イ）　株主総会議事録

　　会社法319条1項の規定に従い取締役または株主による利益相反取引の承諾の提案について、書面（または電磁的記録）による株主全員の同意を得たことにより（三）の要領に従って作成された株主総会議事録は、不動産登記令7条1項5号ハに規定する第三者が承諾したことを証する情報とすることができる（民月61・5・101（平18・3・29民二755解説6)、(五)の株主総会議事録を参照)。
（ロ）　株主全員の同意書

　　会社法319条1項の規定により、取締役または株主による利益相反取引の承諾の提案について、書面による株主全員の同意があった場合は、株主全員の同意書をもって不動産登記令7条1項5号ハに規定する第三者が承諾したことを証する情報（株主全員の同意の意思表示があったことを証する情報）とすることができる（〚先例31〛(167頁)、(六)の同意書を参照)。
（二）　株主総会議事録の作成

　　会社法319条1項の規定により、取締役または株主の提案に対して株主全員の同意があったことにより株主総会の決議があったものとみなされた場合には、別途同意書面の保存・備置きが義務づけられているところである（会社319②）が、外部からみれ

ば、特定の決議事項や報告が、会議の開催によって行われたのか、総株主の同意によって行われたのかは明かではないため、保存資料の一貫性という観点から、総株主の同意があった場合についても、株主総会の議事録を作成することとされたものである（新会社法関係法務省令の解説13頁）。

（三） 株主総会議事録の記載事項

（二）で記述した株主全員の同意により株主総会の決議があったものとみなされた場合（会社319①）における株主総会の議事録は、次の事項を内容とするものでなければならない（会社規72④一）。

① 株主総会の決議があったものとみなされた事項の内容

会社法319条1項の規定により株主全員の同意により株主総会の決議があったものとみなされた場合は、株主総会は開催されていないので、株主総会の開催日時・場所、株主総会の議事の経過の要領およびその結果、議長、出席取締役、出席監査役等の記載は当然に不要である。

② ①の事項の提案をした者の氏名または名称

③ 株主総会の決議があったものとみなされた日

④ 議事録の作成に係る職務を行った取締役の氏名

（四） 議事録の記名押印者

利益相反取引の承認があったことを記載した書面（（三）の①～④の事項を記載した株主総会議事録）を不動産登記令7条1項5号ハの「承諾を証する情報」として申請情報と併せて提供しようとする場合は、当該議事録には作成者が記名押印しなければならない（不登令19①）。

押印すべき印鑑は、作成者が代表者の場合は登記所に届け出

第7章　株式会社と取締役等との利益相反取引

をしている印を押し、代表者でない場合は個人の印鑑証明書の印を押す。詳細については、173頁(二)を参照。
(五)　利益相反取引を承認した株主総会議事録（株主総会を開催しないで書面決議した例〜取締役会非設置会社の場合）
　　会社法319条1項の規定により、取締役または株主からの提案事項につき株主全員による同意があった場合には、株主総会の決議があったものとみなされた事項について、会社法施行規則72条4項1号の規定による株主総会議事録を作成しなければならない。

　　　　　　　　　　株主総会議事録　❶

① 　株主総会の決議があったものとみなされた事項の内容
　　当会社の代表取締役Aが株式会社△△銀行から金○万円の融資を受けるにつき、その債務支払の保証として当会社が所有する後記記載の不動産に次の要領で抵当権を設定する件。
　　　　　　　　　　　　記
　　　登記の目的　　抵当権設定
　　　債　権　額　　金○万円
　　　利　　　息　　年○％（年365日の日割計算）
　　　損　害　金　　年○％（年365日の日割計算）
　　　不動産の表示　（省略）
② 　①の事項の提案をした者の氏名又は名称
　　　代表取締役　A
③ 　株主総会の決議があったものとみなされた日
　　　平成○年○月○日　❷
④ 　議事録の作成に係る職務を行った取締役の氏名
　　　代表取締役　A

以上のとおり、株主全員から書面による同意を得たので、会社法第319条第1項の規定により株主総会の決議があったものとみなされたので、この議事録を作成する。
　平成○年○月○日　❸

　　　　　　　　　甲株式会社
　　　　　　　　　議事録作成者・代表取締役　Ａ　㊞　❹

❶　会社法319条1項の規定により株主総会の決議があったものとみなされる場合には、決議があったものとみなされた事項の内容等を内容とする議事録を作成すべきものとされている（会社規72④一）。したがって、当該議事録が作成されていることにより、会社法319条1項に定める要件を満たして株主総会の決議があったものとみなされた事実の存在を認めることができるから、当該議事録をもって、株主全員の同意の意思表示があったことを証する情報として取り扱うことができると解されている（民月61・5・101（平18・3・29民二755解説6））。
　なお、会社法319条1項の規定に基づく株主の同意については、株主である利益相反取締役も同意株主となる（142頁(ロ)を参照）。

❷　株主全員の同意を得た日。
❸　この株主総会議事録を作成した日であるが、❷の日以降の日付となる。
❹　作成者が記名押印し、印鑑証明書を添付しなければならない（不登令19）。この印鑑は、代表者の場合は登記所に届出をしている印であり、代表者以外の場合は当該個人の印鑑証明書の印である（〚先例33〛（176頁）、〚先例34〛（176頁））。資格証明情報として、代表者の資格を証する書面または会社法人等番号を提供する。

　（六）　株主全員の同意書（取締役会非設置会社の場合）
　　（五）の株主総会議事録に代えて、この株主全員の同意書を不動産登記令7条1項5号ハに規定する第三者が承諾したことを証する情報とすることができる（〚先例31〛（167頁）参照）。

第7章　株式会社と取締役等との利益相反取引

同　意　書　❶

　私は、会社法第319条第1項の規定に基づき、下記の提案の内容に同意します。

　平成○年○月○日

　　　　　　　○県○市○町○番地

　　　　　　　　　株主　1,000株　平　成　一　郎　㊞　❷

記

① 提案の内容

　　当会社の代表取締役Aが株式会社△△銀行から金○万円の融資を受けるにつき、その債務支払の保証として当会社が所有する後記記載の不動産に次の要領で抵当権を設定すること。

記

　　　登記の目的　　抵当権設定
　　　債　権　額　　金○万円
　　　利　　　息　　年○％（年365日の日割計算）
　　　損　害　金　　年○％（年365日の日割計算）
　　　不動産の表示　（省略）

② ①の事項の提案をした者の氏名又は名称

　　　代表取締役　A

③ 株主総会の決議があったものとみなす日時　❸

　　　平成○年○月○日　午後5時00分

---

❶　（イ）　株主全員の同意書を要する（『先例31』(167頁)）。この同意書は、株主全員の連署によるものでも差し支えない。同意書の雛型の参考例としては、中川晃「商法等の一部を改正する法律等の施行に伴う商業登記事務の取扱い」（民月58・9・107）を参照。

（ロ）　会社法319条1項の規定による株主全員の同意をするためには、定款にその旨の定めがあることを要しないので、同意書に定款を添付する必要はない。

❷　利益相反取引を承諾した「承諾があったことを証する情報」として申請情報と併せて提供する場合は、株主である作成者が記名押印し、市区町村長が発行した印鑑証明書を添付する（不登令7①五ハ・19）。

❸　時間については、必ずしも記載する必要はない。

(3)　取締役会議事録（取締役会を開催した例～取締役会設置会社の場合）

　（一）　取締役会議事録の記載事項

　　　取締役会の議事については、法務省令（会社規101）で定めるところにより、議事録を作成し、議事録が書面をもって作成されているときは、出席した取締役および監査役は、これに署名し、または記名押印しなければならない（会社369③）。議事録が電磁的記録をもって作成されている場合における当該電磁的記録に記録された事項については、法務省令（会社規225）で定める署名または記名押印に代わる措置（電子署名）をとらなければならない（会社369④）。

　　　取締役会の議事録は、次に掲げる事項を内容とするものでなければならない（会社規101③）。なお、定款で、監査役の監査の範囲を会計に関するものに限定している会社では、監査役の取締役会への出席および意見陳述の権限および義務はない（会社389⑦）。

　　①　取締役会が開催された日時および場所（当該場所に存しない取締役（監査等委員会設置会社にあっては、監査等委員である取締役またはそれ以外の取締役）、執行役、会計参与、監査役、会計監査人または株主が取締役会に出席をした場合に

第7章　株式会社と取締役等との利益相反取引　　187

おける当該出席の方法を含む。）（〖先例32〗（171頁）参照）。
② 取締役会が会社法373条2項（特別取締役による決議）の取締役会であるときは、その旨
③ 取締役会が次に掲げるいずれかのものに該当するときは、その旨
　(1) 会社法366条2項（招集権限のない取締役による取締役会の招集請求）の規定による取締役の請求を受けて招集されたもの
　(2) 会社法366条3項（招集権限のない取締役による取締役会の招集）の規定により取締役が招集したもの
　(3) 会社法367条1項（株主による取締役会の招集請求）の規定による株主の請求を受けて招集されたもの
　(4) 会社法367条3項（株主による取締役会の招集）において準用する同法366条3項の規定により株主が招集したもの
　(5) 会社法383条2項（監査役による取締役会の招集請求）の規定による監査役の請求を受けて招集されたもの
　(6) 会社法383条3項（監査役による取締役会の招集）の規定により監査役が招集したもの
　(7) 会社法399条の14（監査等委員会による取締役会の招集）の規定により監査等委員が招集したもの
　(8) 会社法417条1項（指名委員会等の委員による取締役会の招集）の規定により委員の中から選定された者が招集したもの
　(9) 会社法417条2項前段（執行役による取締役会の招集請求）の規定による執行役の請求を受けて招集されたもの
　(10) 会社法417条2項後段（執行役による取締役会の招集）の規定により執行役が招集したもの

④ 取締役会の議事の経過の要領およびその結果
⑤ 決議を要する事項について特別の利害関係を有する取締役があるときは、当該取締役の氏名
⑥ 次に掲げる規定により取締役会において述べられた意見または発言があるときは、その意見または発言の内容の概要
 (1) 会社法365条2項（同法419条2項（執行役）において準用する場合を含む。）（会社と取引をした取締役による重要な事実の報告）
  取締役会設置会社においては、株式会社と会社法356条1項各号の取引（競業取引・利益相反取引）をした取締役は、当該取引後、遅滞なく、当該取引についての重要な事実を取締役会に報告しなければならない。執行役の場合に準用。
 (2) 会社法367条4項（株主による取締役会の招集請求）
  取締役会の招集請求を行った株主は、当該請求に基づき招集された等による場合、請求株主は招集した取締役会に出席し、意見を述べることができる。
 (3) 会社法376条1項（会計参与の取締役会への出席）
  会計参与は計算書類等を承認する取締役会に出席しなければならないが、必要があると認めるときは、意見を述べなければならない。
 (4) 会社法382条（監査役の取締役会への報告義務）
  監査役は、取締役が不正な行為等をし、または、当該行為をするおそれがあるときは、取締役会設置会社にあっては取締役会に報告しなければならない。
 (5) 会社法383条1項（監査役の取締役会への出席義務）
  監査役は、取締役会に出席し、必要があると認めるときは、意見を述べなければならない。

(6)　会社法406条（監査委員の取締役会への報告義務）
　　　監査委員は、執行役または取締役が不正な行為等をし、または、当該行為をするおそれがあるときは、取締役会に報告しなければならない。
⑦　取締役会に出席した執行役、会計参与、会計監査人または株主の氏名または名称
⑧　取締役会の議長が存するときは、議長の氏名
（二）　議事録の記名押印
　（イ）　記名押印者
　　　取締役会議事録については、株主総会議事録の場合（会社規72③六）と異なって、議事録作成者を表示することを要しない。取締役会議事録が書面をもって作成されているときは、出席した取締役および監査役は「第三者が承諾を証する情報」（利益相反取引を承認した取締役会議事録）の「作成者」として、これに署名し、または記名押印しなければならない（会社369③、不登令19①、登研701・214）。

　　　取締役会への出席義務を負う監査役は、業務監査権を有する監査役に限られており、監査役の監査の範囲を会計に関する事項（会計監査権限）に限定した会社の監査役は、取締役会への出席義務を負わない（会社383①・389①・⑦）。しかし、会社法369条3項は、会計監査権限のみを有する監査役（会社389①）を取締役会議事録の記名押印義務者から除外していないので、会計監査権限のみを有する監査役が任意に取締役会に出席した場合には、その出席が監査役としての出席である以上、当該監査役は取締役会議事録に記名押印義務を負う（論点解説366頁）。

　（ロ）　押印すべき印鑑
　　　利益相反取引を承認した取締役会議事録を、不動産登記令

7条1項5号ハで規定する「第三者が同意したことを証する情報」として申請情報と併せて登記所に提供する場合は、登記官の形式審査上、当該議事録の成立の真正を担保するために、代表取締役については登記所に、代表取締役以外の取締役については市町村にそれぞれ登録している印鑑を捺印する（〖先例33〗（176頁））。

出席監査役は、記名押印義務があるので（会社369③）、市区町村長の発行に係る印鑑証明書の印鑑を押す（〖先例35〗（191頁）、不動産登記添付情報（上）412頁、協議結果集24頁参照）。

(ハ)　印鑑証明書等

申請情報と併せて登記所に提供する「第三者の承諾を証する情報」（取締役会議事録）が書面の場合には、官庁または公署の作成に係る場合その他法務省令（不登規50②）で定める場合*3を除き、その書面に記名押印した者の印鑑証明書を添付しなければならない（不登令19②、〖先例35〗参照）。また、記名押印者の資格証明情報（登記事項証明書等）も添付することを要するが（登研535・175）、当該法人の会社法人等番号を提供したときは、記名押印者の資格証明情報に代えることができる（平27・10・23民二512・2(4)参照）。

*3　［法務省令で定める場合（不登規50②）］
　　次の場合である（不登規48①一～三を準用）。
　　①　申請を受ける登記所が、添付すべき印鑑に関する証明書を作成すべき登記所と同一であって、法務大臣が指定した登記所以外のものである場合
　　　〔法務大臣が指定した登記所～平17・3・7法務省告示123〕
　　　　東京法務局・横浜地方法務局・名古屋法務局・大阪法務局・京都地方法務局・神戸地方法務局・福岡法務局
　　②　申請人またはその代表者もしくは代理人が記名押印した同意

第7章　株式会社と取締役等との利益相反取引

　　　または承諾を証する情報を記載した書面について、公証人またはこれに準ずる者の認証を受けた場合
③　裁判所によって選任された者がその職務上行う同意または承諾の同意または承諾を証する情報を記載した書面に押印した印鑑に関する証明書であって、裁判所書記官が最高裁判所規則で定めるところにより作成したものが添付されている場合

〚先例35〛昭55・11・22民三6720（監査役の印鑑証明書等）
　　　自己取引についての取締役会議事録に署名した監査役の捺印及び印鑑証明書の要否について（通達）
［照会］
　不動産登記法第35条第1項第4号（筆者注：現行不動産登記令7条1項5号ハ）の書面として、資本の額が1億円を超える株式会社（筆者注：旧商法260ノ3第1項の規定により、監査役は取締役会に出席義務があった）の取締役会議事録（出席監査役は署名のみで捺印していない）を提出する場合、昭和37年6月27日民事甲第1657号貴職回答後段に準じて「右は議事録に相違ない」旨を記載し、署名した監査役が署名捺印（又は記名捺印）し、その者の印鑑証明書を添付させるのが相当と考えますが、いささか疑義がありますので何分の御指示を願います。
［回答］
　貴見のとおり取り扱うのを相当と考える。
＜参考－〚先例26〛（137頁）要旨＞
　自己取引による登記を取締役会の承認を証する書面としての署名者の捺印のない取締役会議事録を添付して申請する場合には、議事録の末尾に「右は議事録に相違ない」旨を記載して、議事録に署名した取締役が署名捺印すべきであり、その者の印鑑証明書の添付を要する。

(三) 利益相反取引を承認した取締役会議事録（取締役会設置会社の場合）

取締役会議事録

　平成〇年〇月〇日午前〇時〇分より、当会社の本店において取締役会を開催した。
　　取締役総数　　　　2名　❶
　　出席取締役数　　　2名
　　監査役総数　　　　1名
　　出席監査役数　　　1名
　定款の規定により取締役Bは議長となり開会を宣言し、直ちに議事に入った。　❷

　　　　　　議案　担保提供の件
　議長は、当会社の代表取締役Aが、株式会社△△銀行から金〇万円の融資を受けるにつき、その債務支払の保証として当会社が所有する後記記載の不動産に次の要領で抵当権を設定すること等重要な事実を説明した後、その賛否を議場に諮ったところ満場一致をもってこれを承認可決した。特別の利害関係がある取締役Aは、この決議に加わらなかった。　❸

　　　　　　　　　　　　記
　　登記の目的　　抵当権設定
　　債　権　額　　金〇万円
　　利　　　息　　年〇％（年365日の日割計算）
　　損　害　金　　年〇％（年365日の日割計算）
　　不動産の表示　　（省略）
　以上にて本日の議事を終了したので、議長は午前〇時〇分閉会を宣言した。この決議を明確にするため、この議事録を作成する。
　　平成〇年〇月〇日

第7章　株式会社と取締役等との利益相反取引

>   甲株式会社
>   議長・出席取締役　　B　㊞　❹
>   出席取締役　　　　　C　㊞
>   出席監査役　　　　　D　㊞

❶(イ)　当該決議事項に係る特別利害関係ある取締役が取締役会の場にいたとしても、当該取締役は、当該決議事項について、定足数要件（議決に加わることができる取締役の過半数）とともに議決要件（出席取締役の過半数）としての出席取締役数に算入されない（会社法コンメンタール8・290頁〔森本滋〕）。

(ロ)　登記研究誌には、特別利害関係がある取締役については、特別利害関係のある議案の決議に関する定足数の算定の基礎となる取締役の総数および出席取締役の数には算入されないので、当該議案の決議に関しては、利害関係を有する取締役の数を差し引いた数を記載するとある（登研457・121）。次の①②を参照。

① 取締役が3名の株式会社において、特別利害関係ある取締役が1名いるときは、取締役の数2名・出席取締役の数2名と取締役会議事録に記載する（登研429・128）。本例も、この取り扱いによった。

② 取締役が特別利害関係を有する決議に関しては、特別利害関係人として議決権行使を排除される取締役の数は、定足数算定の基準となる取締役総数にもまた出席取締役数にも算定されない。会社法369条1項に「議決に加わることができる」取締役と規定されているのは、この意味である（前田・会社法入門461頁）。

(ハ)　この取締役会で他の議案（取締役Aが特別利害関係を生じない議案）も併せて審議する場合は、取締役総数、出席取締役数はAを含め3名とすべきであろう。この場合には、Aが特別利害関係を有する議案については、「特別の利害関係がある取締役Aは、この決議に加わらなかった」旨を記載し、出席取締役として記名押印する。取締役の議決権の行使については154頁(ホ)、取締役の審議参加については

158頁(ヘ)を参照。

❷　会社法上では、特別利害関係ある取締役が取締役会の議長となることができない旨の規定はないが、判例は、特別利害関係ある取締役が利益相反取引を決議する取締役会の議長となることを、ほぼ一貫して否定している（150頁(ハ)を参照）。

　なお、筆者においては、取締役会の議長が特別利害関係人であることを理由に当該登記申請が不受理となった経験はない。

❸　取締役会の決議について特別利害関係を有する取締役は、議決に加わることができない（会社369②）。決議を要する事項について特別利害関係を有する取締役があるときは、当該取締役の氏名を取締役会議事録に記載しなければならない（会社規101③五）。

❹　特別利害関係ある取締役（代表取締役Ａ）が、特別利害関係ある議決には参加しないが、取締役会に出席しているときは、登記所に印鑑の届出をしている代表取締役については登記所の発行に係る印鑑証明書の印鑑を押し、他の取締役については市区町村長の発行に係る印鑑証明書の印鑑を押す。出席監査役は、記名押印義務があるので（会社369③）、市区町村長の発行に係る印鑑証明書の印鑑を押す（189頁(ロ)を参照）。

　上記のいずれの者も押印した印鑑の印鑑証明書および資格を証する書面（登記事項証明書）または当該法人の会社法人等番号を提供しなければならない（190頁(ハ)を参照）。

（四）　議事録・印鑑証明書の原本還付請求

取締役会議事録、印鑑証明書の原本還付請求については、180頁(四)を参照。

(4)　取締役会議事録等（会社法370条の規定による取締役会を開催しないで書面決議によった例〜取締役会設置会社の場合）

（一）　第三者が承諾したことを証する情報

利益相反取引について第三者が承諾したことを証する情報として、次の(イ)または(ロ)の情報を提供する。

(イ) 取締役会議事録

　取締役会設置会社は、定款の定めにより、会社法370条の規定に基づく取締役（当該事項について議決に加わることができるものに限る。）の全員が書面または電磁的記録により同意の意思表示をしたとき（監査役設置会社にあっては、監査役が当該提案について異議を述べたときを除く。）は、当該提案を可決する旨の取締役会の決議があったものとみなされる（会社370）。この場合には、会社法施行規則101条4項1号の規則に基づく（（二）を参照）取締役会議事録を作成しなければならない。

　当該取締役会議事録は、不動産登記令7条1項5号ハに規定する第三者が承諾したことを証する情報として、申請情報と併せて登記所に提供する（不登令7①柱書、登研818・151）。取締役会議事録の記名押印者等については、（三）を参照。

(ロ) 取締役全員の同意書

　定款の定めにより、会社法370条の規定により取締役会の決議があったものとみなされた場合においては、取締役全員の同意書（監査役設置会社においては、この同意書に加えて監査役が異議を述べなかったことを証する情報）をもって不動産登記令7条1項5号ハに規定する第三者が承諾したことを証する情報とすることができる（〚先例31〛(167頁)、登研701・213）。記名押印者等については、（三）を参照。

(二) 取締役会議事録の記載事項

　会社法370条の規定により取締役会の決議があったものとみなされた場合において作成する取締役会議事録は、次に掲げる事項を内容とするものでなければならない（会社規101④一）。

①　取締役会の決議があったものとみなされた事項の内容
②　①の事項の提案をした取締役の氏名
③　取締役会の決議があったものとみなされた日
④　議事録の作成に係る職務を行った取締役の氏名

(三)　議事録の記名押印

　　取締役会議事録を「第三者の承諾を証する情報」とする場合の取り扱いは、次のようになる。

(イ)　記名押印者

　　利益相反取引を承認した取締役会議事録は、不動産登記令7条1項5号ハの「第三者の承諾を証する情報」に該当する。

　　権利に関する登記の申請情報と併せて提供しなければならない「第三者の承諾を証する情報」（取締役会議事録）を記載した書面には、後述の法務省令で定める場合[*1]を除き、作成者が記名押印しなければならない（不登令19①、登研701・214）。

*1　[法務省令で定める場合（不登規50①）]
　　　不動産登記令19条1項の法務省令で定める場合は、同意または承諾を証する情報を記載した書面の作成者が署名した当該書面について公証人またはこれに準ずる者の認証を受けた場合とする。
　　　＜参考＞　公証人に準ずる者とは：公証人法8条＝「法務局若ハ地方法務局又ハ其ノ支局ノ管轄区域内ニ公証人ナキ場合又ハ公証人其ノ職務ヲ行フコト能ハサル場合ニ於テハ法務大臣ハ当該法務局若ハ地方法務局又ハ其ノ支局ニ勤務スル法務事務官ヲシテ管轄区域内ニ於テ公証人ノ職務ヲ行ハシムルコトヲ得」。このほかに、日本国領事、外国官署が想定される（逐条解説不動産登記規則491頁）。

(ロ)　押印すべき印鑑

　　利益相反取引を承認した取締役会議事録に、当該書面の「作成者」として代表取締役が記名押印するときは、この者が登

第7章　株式会社と取締役等との利益相反取引　　　197

記所に届け出している印鑑を押す（〚先例33〛（176頁）、〚先例34〛（176頁）、登研701・214参照）。

(ハ)　印鑑証明書等

　申請情報と併せて登記所に提供する「第三者の承諾を証する情報」（取締役会議事録）が書面の場合には、官庁または公署の作成に係る場合その他法務省令（不登規50②）で定める場合*2を除き、その書面に記名押印した者の印鑑証明書を添付しなければならない（不登令19②、登研818・151）。また、記名押印者の資格証明情報（登記事項証明書等）または会社法人等番号を提供する（登研535・175）。

*2　［法務省令で定める場合（不登規50②）］
　　次の場合である（不登規48①一～三を準用）。
　①　申請を受ける登記所が、添付すべき印鑑に関する証明書を作成すべき登記所と同一であって、法務大臣が指定した登記所以外のものである場合
　　〔法務大臣が指定した登記所～平17・3・7法務省告示123〕
　　　　東京法務局・横浜地方法務局・名古屋法務局・大阪法務局・京都地方法務局・神戸地方法務局・福岡法務局
　②　申請人またはその代表者もしくは代理人が記名押印した同意または承諾を証する情報を記載した書面について、公証人またはこれに準ずる者の認証を受けた場合
　③　裁判所によって選任された者がその職務上行う同意または承諾の同意または承諾を証する情報を記載した書面に押印した印鑑に関する証明書であって、裁判所書記官が最高裁判所規則で定めるところにより作成したものが添付されている場合

(四) 利益相反取引を承認した取締役会議事録の例（会社法370条の規定により取締役会を開催しないで書面決議した例）
(イ) 監査役設置会社の取締役会議事録の例

取締役会議事録　❶

① 取締役会の決議があったものとみなされた事項の内容
　　当会社の代表取締役Aが株式会社△△銀行から金○万円の融資を受けるにつき、その債務支払の保証として当会社が所有する後記記載の不動産に次の要領で抵当権を設定すること。
記
　　登記の目的　　抵当権設定
　　債　権　額　　金○万円
　　利　　　息　　年○％（年365日の日割計算）
　　損　害　金　　年○％（年365日の日割計算）
　　不動産の表示　（省略）
② ①の事項の提案をした取締役の氏名
　　取締役　B　❷
③ 取締役会の決議があったものとみなされた日
　　平成○年○月○日　❸
④ 議事録の作成に係る職務を行った取締役の氏名
　　代表取締役　A　❹
⑤ その他の事項
　　代表取締役Aは、特別利害関係として、本件の同意者には加わっていない。　❺
　　以上のとおり、特別利害関係を有する取締役以外の取締役全員から書面による同意を得、また、監査役が上記の提案について異議を述べなかったので、会社法第370条の規定により取締役会の決議があったものとみなされたので、この議事録を作成する。　❻

第7章　株式会社と取締役等との利益相反取引　　199

　　平成○年○月○日
　　　　　　　　　　　　甲株式会社
　　　　　　　　　　　　議事録作成者・代表取締役　A　㊞　❼
　　取締役からの上記提案事項については、異議はありません。　❽
　　　　　　　　　　　　甲株式会社
　　　　　　　　　　　　監査役　D　㊞　❾

❶(イ)　会社法370条の規定により、取締役会を開催しないで、取締役からの提案事項に対して取締役全員が同意した場合の取締役会議事録の例である。

　　　会社法370条で定める取締役全員による同意は、定款にその定めがあることが必要であるから、これを証するために定款の添付を要する（議事録のチェックポイント101頁）。定款の添付が不要と解される見解として、登記情報539号95頁を参照。

(ロ)　会社法370条の規定により取締役会の決議があったものとみなされる場合には、決議があったものとみなされた事項の内容等を内容とする議事録を作成すべきものとされている（会社規101④一）。したがって、当該議事録が作成されていることにより、会社法370条に定める要件を満たして取締役会の決議があったものとみなされた事実の存在を認めることができるから、当該議事録をもって、取締役全員の同意の意思表示があったことを証する情報および監査役設置会社においては監査役が異議を述べなかったことを証する情報として取り扱うことができると解されている（民月61・5・101（平18・3・29民二755解説6））。

❷　特別利害関係ある取締役（本例では代表取締役A）は同意者にならない（会社370括弧書参照）が、提案することができるかについては疑問が生じる。しかし、特別利害関係ある取締役は、取締役会における意見陳述権がないと解されているが、会社側から意見陳述ないし釈明の機会を与え、あるいは席にとどまることを認めることは自由であるとする見解もあり（158頁(ヘ)）、また、特別利害関係ある取締役が提案しても、これに

対する他の取締役の同意は任意であり、詳細の質疑が必要であれば取締役会（通常の取締役会）を開催することもできるので、特別利害関係がある取締役からの提案もできると考える。

❸　取締役全員の同意があった日。

❹　利益相反取引の承認があったことを記載した取締役会議事録を不動産登記令7条1項5号ハの「承諾を証する情報」として申請情報と併せて提供しようとする場合は、当該議事録には作成者が記名押印し、作成者の印鑑証明書を添付しなければならない（不登令19）。押印すべき印鑑は、作成者が代表取締役の場合は登記所に届出をしている印鑑である。それ以外の者の場合は、作成に係る取締役の印鑑証明書の印を押す。

❺　この事項は、会社法施行規則101条4項1号では取締役会議事録に記載すべき事項とされていない。

❻　監査役設置会社の場合の例である。監査役設置会社でない場合は、（ロ）の書式例を参照。

❼　印鑑は❹を参照。代表者の資格証明情報または会社法人等番号を提供する。

❽　監査役設置会社である場合に、監査役が取締役の提案に異議を述べていない旨の記載は、取締役会議事録の必要的記載事項とはされていない（会社法施行規則101条4項1号を参照）が、〖先例31〗（167頁）は、取締役会議事録に加えて、監査役が異議を述べなかったことを証する情報を提供しなければならないとしている。なお、❶（ロ）を参照。

❾　監査役が押すべき印鑑、印鑑証明書についての見解は、会社法施行後における先例では見当たらないが、市区町村長が発行した印鑑証明書を添付し、その印鑑を押すべきであろう（登研701・214、189頁（ロ）を参照）。監査役の資格証明情報または会社法人等番号を提供する。

第7章　株式会社と取締役等との利益相反取引　　201

(ロ)　監査役設置会社でない場合の取締役会議事録の例

取締役会議事録　❶

① 取締役会の決議があったものとみなされた事項の内容
　　当会社の代表取締役Aが株式会社△△銀行から金〇万円の融資を受けるにつき、その債務支払の保証として当会社が所有する後記記載の不動産に次の要領で抵当権を設定すること。
記
　登記の目的　　抵当権設定
　債　権　額　　金〇万円
　利　　　息　　年〇％（年365日の日割計算）
　損　害　金　　年〇％（年365日の日割計算）
　不動産の表示　（省略）
② ①の事項の提案をした取締役の氏名
　　取締役　B　❷
③ 取締役会の決議があったものとみなされた日
　　平成〇年〇月〇日　❸
④ 議事録の作成に係る職務を行った取締役の氏名
　　代表取締役　A　❹
⑤ その他の事項
　　代表取締役Aは、特別利害関係として、本件の同意者には加わっていない。　❺
　以上のとおり、特別利害関係を有する取締役以外の取締役全員から書面による同意を得て、会社法第370条の規定により取締役会の決議があったものとみなされたので、この議事録を作成する。　❻
　平成〇年〇月〇日
　　　　　　　甲株式会社
　　　　　　　議事録作成者・代表取締役　A　㊞　❼

❶～❼　前掲(イ)の❶～❼を参照。
　（五）　取締役全員の同意書の例

　　会社法370条の規定に基づき取締役全員の同意があった場合の前掲(四)の取締役会議事録に代えて、この取締役全員の同意の意思表示があったことを証する情報（監査役設置会社にあっては、これに加えて監査役が異議を述べなかったことを証する情報）を不動産登記令7条1項5号ハに規定する第三者が承諾したことを証する情報とすることができる（〖先例31〗（167頁）参照）。

同　意　書　❶

　私は、会社法第370条の規定に基づき、下記の提案の内容に同意します。

　　平成○年○月○日

　　　　　　　　　　○県○市○町○番地
　　　　　　　　　　　取締役　平　成　一　郎　㊞　❷
　　　　　　　　　　記

①　提案の内容
　　当会社の代表取締役Aが株式会社△△銀行から金○万円の融資を受けるにつき、その債務支払の保証として当会社が所有する後記記載の不動産に次の要領で抵当権を設定すること。
　　　　　　　　　　　記
　　登記の目的　　抵当権設定
　　債　権　額　　金○万円
　　利　　　息　　年○％（年365日の日割計算）
　　損　害　金　　年○％（年365日の日割計算）
　　不動産の表示　　（省略）
②　①の事項の提案をした者の氏名又は名称
　　　代表取締役　A

第7章　株式会社と取締役等との利益相反取引　　203

③　株主総会の決議があったものとみなす日時　❸
　　平成○年○月○日　午後5時00分

❶　取締役全員の同意書を要する（〚先例31〛（167頁））。この同意書は、取締役全員の連署によるものでも差し支えない。特別利害関係ある取締役については、同意書を要しない（会社370括弧書を参照）。

❷　利益相反取引を承諾した「承諾があったことを証する情報」（同意書）として申請情報と併せて提供する場合は、同意書の作成者である取締役が記名押印し、市区町村長が発行した印鑑証明書を添付する（不登令7①五ハ・19）。

❸　時間については、必ずしも記載する必要はない。特別利害関係を有しない会社を代表する取締役にあっては、登記所への届出印を押し、登記所の証明に係る印鑑証明書を添付する（〚先例33〛（176頁）、〚先例34〛（176頁）を参照）。

5　利益相反取引の例

　　株式会社と取締役に係る利益相反取引の具体事例は、不動産登記または商業登記の申請に関係するものを掲げる。

> 【注】　会社法施行（平成18年5月1日）前の先例等の引用事例については、利益相反取引の承認機関が取締役会となっているが、会社法施行後においては、取締役会非設置会社では株主総会、取締役会設置会社では取締役会が承認機関になる（会社356①・365①）。

(1)　所有権移転・所有権移転の抹消
　　①　売買
　　　　株式会社間の5件の売買事例については、135頁(三)①～⑤を

参照。

② 取締役・会社間の有償譲渡

　取締役と株式会社との間における財産権の有償譲渡は、そのいずれが譲渡人になるかにかかわらず、商法265条（現行会社法356条1項2号）の取引に該当する（利益相反の先例・判例と実務62頁）。

③ 贈与・寄付

　A所有の不動産をAが代表取締役である甲株式会社に、「贈与」または「寄付」を登記原因として所有権移転登記する場合は商法265条（会社356①二）の適用はない（登研362・83、贈与につき大判昭13・9・28民集17・1895）。

④ 農業経営基盤強化促進法

　B株式会社の代表取締役であるAからB株式会社（代表取締役A）への農業経営基盤強化促進法による売買を原因とする所有権移転登記の嘱託書には、B株式会社の取締役会議事録（取締役会非設置会社では株主総会議事録）の添付を要しない（登研562・134、同707・95、平5・9・17民三6192参照）。

⑤ 代物弁済

　甲株式会社の取締役A所有の不動産を、代物弁済を原因として甲会社に所有権移転登記を申請する場合には、取締役会議事録（取締役会非設置会社では株主総会議事録）を提供しなければならない（登研367・135）。

⑥ 共有物分割

　代表取締役を同じくする甲・乙両株式会社の間で、「共有物分割」を原因として甲会社の持分を乙会社に移転する共有持分の移転登記の申請情報には、甲会社および乙会社の取締役会議事録（取締役会非設置会社では株主総会議事録）を併せて提供し

第7章　株式会社と取締役等との利益相反取引

なければならない（登研596・125、同612・145）。

⑦　持分放棄

代表取締役を同じくする甲・乙両株式会社の間で、「持分放棄」を原因として甲会社の持分を乙会社に移転する共有持分の移転登記の申請情報には、甲会社の取締役会議事録（取締役会非設置会社では株主総会議事録）を併せて提供しなければならない（登研632・144、同632・183）。乙会社は、持分放棄により権利を取得するのみで不利益を受けるおそれがないので、乙会社の議事録は不要である。

⑧　売買予約

代表取締役を同じくする甲・乙両株式会社間で、一方の会社が他方の会社不動産について、売買予約による所有権移転請求権保全の仮登記を申請する場合には、取締役会議事録（取締役会非設置会社では株主総会議事録）の提供を要しない（登研353・115）。

⑨　真正な登記名義の回復

（a）　A所有の不動産をAが代表取締役である甲株式会社に、「真正な登記名義の回復」を登記原因として所有権移転登記する場合は、商法265条（会社法356条1項2号）の適用はない（登研362・83）。

これに対し、登記申請情報の原因の記載1つで商法265条（会社法356条1項2号）に違反する無効な登記を認めてしまうおそれがあることから、判決による場合はともかく、当事者の共同申請による「真正な登記名義の回復」については、承認機関の議事録を要するという考え方もある（登研632・144、同707・99）。

（b）　代表取締役を同じくする甲会社・乙会社間において、「真

正な登記名義の回復」を登記原因として所有権移転登記する場合は、商法265条（会社法356条1項2号）の適用はない（名法・登記情報19号155頁）。

⑩　錯誤

取締役個人名義の不動産を、当該取締役が役員となっている会社に対し所有権移転登記をした後、当該登記を錯誤を原因として抹消する場合の登記申請書には、取締役会議事録（取締役会非設置会社では株主総会議事録）の提供を要しない（登研349・85）。

(2)　金銭消費貸借

①　取締役が会社に金銭を無利息・無担保で貸付け

商法265条（現行会社法356条1項2号）が、取締役が自己または第三者のためにその会社と取引をなすには取締役会（取締役会非設置会社では株主総会）の承認を要する旨規定するのは、会社と取締役個人との間の利害衝突から会社の利益を保護することをその目的とするものであるところ、取締役がその会社に対し無利息、無担保で金員を貸し付ける行為は、特段の事情のない限り会社の利益にこそなれ不利益であるとはいえないから、取締役会（取締役会非設置会社では株主総会）の承認を要しない（最判昭38・12・6民集17・12・1664、最判昭50・12・25集民116・845）。

②　会社から取締役への金銭貸付

「商法265条（筆者注：会社法356条1項2号）が株式会社と取締役個人との間の取引について取締役会の承認を受けることを必要とするものと定めた趣旨は、会社と取締役との間で利害の対立する取引について、取締役が会社の利益の犠牲において私利をはかることを防止し、会社の利益を保護することを目的と

するものであるから、同条の右趣旨からすると、会社が取締役個人に対して貸し付けた金員の返還を求めた場合に、取締役が同条違反を理由としてみずからその貸付の無効を主張することは、許されない」（最判昭48・12・11民集27・11・1529）。

(3) 担保権の設定
　（一）　利益相反事例
　　①　会社不動産に、代表取締役のために抵当権を設定
　　　株式会社の代表取締役個人を債務者として会社所有の不動産に根抵当権を設定するには、取締役会（取締役会非設置会社では株主総会議事録）の承認を要する（登研352・104）。
　　　取締役会の承認決議については、当該代表取締役は特別利害関係人に該当する（協議結果集25頁）。
　　②　代表取締役Ａを債務者として、Ａが代表取締役である会社の不動産に抵当権を設定
　　　株式会社の代表取締役が自己個人の債務につき会社を代表して連帯保証をなし、あるいは会社所有の財産に抵当権等の担保物権を設定するためには、取締役会（取締役会非設置会社では株主総会）の承認を要する（〚先例36〛（212頁））。
　　③　会社と代表取締役個人が連帯債務者で、会社の不動産に抵当権を設定
　　　株式会社の代表取締役個人が、会社と連帯債務者となり、自己および会社所有の不動産に抵当権を設定するには、取締役会（取締役会非設置会社では株主総会）の承認を要する（〚先例37〛（214頁））。
　　④　甲・乙会社の代表取締役がＡである場合に、債務者を甲会社として、乙会社の不動産に抵当権を設定

甲、乙両会社の代表取締役が同一人である場合において、甲会社が負担した債務につき、乙会社が物上保証人となって抵当権設定登記を申請するには、乙会社の取締役会（取締役会非設置会社では株主総会）の承認のあったことを証する書面の添付を要する。数登記所の管轄内に存在する物件を共同担保とし、既に一登記所において登記が完了したことを他の登記所において添付情報により知り得ても、右の承認のあったことを証する情報の提供を省略することはできない（〘先例38〙（214頁））。

⑤ 甲・乙会社の代表取締役がＡである場合に、債務者を甲会社として、乙会社の不動産に根抵当権を設定

　甲、乙両会社の代表取締役が同一人であり、甲会社の債務を担保するため、乙会社所有の不動産に根抵当権を設定する場合には、乙会社の取締役会（取締役会非設置会社では株主総会）の決議を要し、根抵当権設定登記の申請情報には、乙会社の取締役会議事録（取締役会非設置会社では株主総会議事録）を併せて提供する（〘先例39〙（215頁））。

⑥ 代表取締役が同じである甲・乙会社の債務を、甲会社の工場財団に抵当権を設定

　代表取締役を同じくする甲、乙両株式会社の債務の担保として甲所有にかかる工場財団に抵当権の設定の登記を申請する場合、その設定契約は、旧商法265条に規定する「自己又ハ第三者ノ為ニ会社ト取引ヲ為ス」場合に該当する（〘先例40〙（216頁））。

⑦ 取締役全員が連帯債務者で、会社不動産に抵当権を設定

　取締役全員が連帯債務者となり、各自の所有不動産と共に会社所有の不動産に抵当権を設定するには、取締役会の決議

を要するが（取締役会設置会社の場合）、全員が利害関係あるために承認決議をすることができず、抵当権を設定することもできない（〚先例41〛(216頁)）。

⑧　取締役全員が同一である2会社間の保証

　乙株式会社が、取締役会の構成員を同じくする甲株式会社のために物上保証人となって抵当権を設定する場合、乙会社の取締役会の承認（取締役会設置会社の場合）については、各取締役は議決権を行使することができる（〚先例42〛(217頁)）。本事例の場合は、債務者が第三者（甲会社）の事例であり⑦の事例とは異なっている。

　　＜参考＞　昭和34年3月31日民甲669号＝要旨：労働金庫の理事会において、消費生活協同組合に対する事業資金の貸出しを承認する決議をする場合に、当該組合の理事または監事を兼ねる労働金庫の理事は議決権を行使できる。

⑨　株式会社の取締役会（取締役会非設置会社では株主総会）の承認を要しないとされた事例（〚先例43〛(217頁)）

　（イ）　債務者をA会社、保証人を代表取締役Bとして、A会社所有の不動産について抵当権を設定する場合。

　（ロ）　債務者をA会社として、代表取締役B所有の不動産およびA会社所有の不動産に抵当権を設定する場合。

　（ハ）　債務者をA会社として、代表取締役B所有の不動産に抵当権を設定する場合。

　（ニ）　A会社と代表取締役Bを連帯債務者として、代表取締役B所有の不動産に抵当権を設定する場合。

　（ホ）　債務者をA会社としてA会社所有の不動産に抵当権設定登記中のところ、債務者をA会社の代表取締役B個人

に変更する場合。

⑩ 債務者会社と根抵当権設定者会社の代表取締役が同一

債務者会社（代表取締役A）と根抵当権設定者会社（代表取締役A）の代表取締役が同一の場合、根抵当権設定者会社の担保提供承認を決議する取締役会において、Aは特別利害関係人に該当しない。根抵当権設定者会社の利益相反取引承認の議事録は必要である（Q＆A200選252頁・256頁参照）。

（二）議事録の提供事例

取締役と株式会社に関わる抵当権設定または根抵当権設定について、利益相反取引を承認した議事録の提供の要否を表にすると次のようになる。

○印は、会社を代表して契約を締結する者を表す。また、「代取」とは代表取締役を、「B」「C」は取締役を表す。

① 登研366・86

債務者	代取　A	
根抵当権設定者	乙会社	議事録必要

② 〚先例39〛（215頁）

債務者	甲会社	代取Ⓐ	議事録不要
根抵当権設定者	乙会社	代取Ⓐ	議事録必要

③ 登研556・139

債務者	甲会社	代取Ⓐ　B　C	議事録不要
根抵当権設定者	乙会社	代取Ⓑ　C　D	議事録不要

第7章 株式会社と取締役等との利益相反取引

不利益となる乙会社（設定者）の取締役Bは、利益を受ける立場にある甲会社（債務者）を代表しているわけではない。

④ 登研515・251

根抵当権者	甲会社	代取Ⓐ 代取B	議事録必要
債務者 根抵当権設定者	乙会社	代取Ⓐ	議事録必要

⑤ 登研515・251

根抵当権者	甲会社	代取Ⓑ	議事録不要
債務者 根抵当権設定者	乙会社	代取Ⓐ 代取B	議事録必要

⑥ 登研515・252

根抵当権者	甲会社	代取A 代取Ⓑ	議事録必要
債務者 根抵当権設定者	乙会社	代取Ⓐ B	議事録必要

⑦ 登研437・64

債務者 抵当権設定者	取締役	代取A	
保証人	乙会社	代取Ⓐ	議事録不要

乙株式会社の代表取締役Aが自己所有の土地に抵当権を設定する場合（設定者・債務者共にA個人）、乙株式会社が保証人になっていることが原因証書により明らかな場合、取締役会の議事録の添付を要しない（登研437・64）。

〘先例36〙昭28・10・1民甲1333（代表取締役が自己個人の債務につき会社を代表して連帯保証をなし、あるいは会社所有の財産に抵当権等の担保物権を設定する行為）

［照会］
　左記事項に関し公証事務取扱疑義がありますので至急何分の御指示を頂きたくよろしく御願します。
第1　株式会社の代表取締役が自己個人の債務につき会社を代表して連帯保証をなし、或は会社所有の財産に抵当権等の担保物権を設定するには商法第265条（筆者注：会社法356条。以下同じ。）に依り取締役会の承認を要するや。
　この問題については消極積極の両説がある。（省略）。
第2　右積極説の如く取締役会の承諾を要するとせば(イ)（筆者注：第1の(イ)消極説〜省略）右承認は公証人法第33条の第三者の許可又は同意に該当するか如何か。
　この点についても甲乙両説がある。（甲乙説の掲載省略）。
第3　若し前記の如く取締役会の承認が第三者の許可又は同意に該当するとせば、公証人は公正証書作成に際し公証人法第33条（及）第36条第5号の手続を為すべきものと思料するが如何。
第4　右手続を採るべきものとせば、取締役会は人格を有せず従って住所、職業、氏名、年令、印鑑がない、又名称事務所がなく署名することも不可能である、公正証書に如何なる範囲程度に表示記載すべきか。
1、取締役の承認決議書は通常会社に保存することに定款で定めて

いるから、一応その原本を提出させて承認事項を証明させ、公証人法第41条によりこれを嘱託人に還付し、その謄本を提出させてこれを公正証書に連綴すべきか。
2、承認決議書は多くの場合私署証書であるから、官公署の作成した印鑑又は署名に関する証明書を提出させて決議書の真正を証明させなければならないが、取締役会自体には印鑑、又は署名がない。従って、法第33条2項、第32条第2項による決議書の真正を証明させることが出来ないから、この手続を採らなくともよいのか或は、取締役会の構成員である取締役の印鑑又は署名に関する官公署の証明書を提出させて承認決議書の真正を証明させるべきか。
3、公証人法第36条第5号による記載は、単に会社の本店と何々株式会社取締役会と表示すれば足るか。或は何何会社取締役会として次に出席した各取締役の氏名をも表示し、これに各その住所、年令、職業を表すべきや。
4、なお右取締役が真実その会社の取締役であるか否か確むるためこれを証明するに足る商業登記簿謄本を提出させる必要があるか。
〔回答〕
　第1、第2、第3、積極に解する。
　第4、1、「取締役の承認決議書」とあるのを「取締役会の議事録」とする外は、貴見のとおり。
　　　2、「承認決議書」とあるのを「取締役会の議事録」とする外は、後段貴見のとおり。
　　　3、前段貴見のとおり。
　　　4、商業登記簿の謄本又は抄本を提出させるのが相当である。

〘先例37〙昭29・7・5民甲1395（会社と代表取締役個人が連帯債務者で、会社の不動産に抵当権を設定）

［照会］

　株式会社の代表取締役である個人が、会社及び個人の用途のため、その会社と連帯債務者となって、他から金銭を借り受け、その債務の担保として、会社所有又は会社と代表取締役個人の各自所有の不動産に対し、抵当権の設定契約をする場合は、代表取締役である個人と会社との取引行為ではありませんが、商法第265条は、会社の利益保護を目的とし取締役の専横を抑制した規定の趣旨に鑑み、取締役会の承認を必要とするものと思われますが、いかがでしょうか。いささか疑義がありますので、至急何分の御指示をお願いします。

参照

（一）　昭和6年12月16日法曹会決議　法曹会編　法曹会決議要録追巻96頁

（二）　大正6年5月21日大阪控訴院判決　高窪喜八郎編　法律学説判例総覧会社編下1,190頁

　　　この判例では、会社を連帯債務にならせることにつき、委託の有無によって、監査役の承認の要否を決する必要があるとしていますが、登記官吏は、実質的審査権がないので、その実体を極めて登記申請の適否を決することができない点に問題があります。

［回答］

　会社所有の不動産に抵当権を設定するには、取締役会の承認を要するものと考える。

〘先例38〙昭35・8・4民甲1929（甲・乙会社の代表取締役がAである場合に、債務者を甲会社として、乙会社の不動産に抵当権を設定）

[照会]
　甲会社が、丙銀行に対し負担した債務につき、乙会社が物上保証人となって、抵当権設定登記の申請をするに当り、甲会社の代表取締役と乙会社の代表取締役が同一人の場合において、乙会社の取締役会の承認のあったことを証する書面の添付を要するように考えられますが、いささか、疑義があり、かつ、適切な先例等も見当りませんので、何分の御指示を願います。
　なお、右につき積極とされます場合には、併せて、左記につきましても、御指示下さるよう願います。
記
　数登記所の管轄内に存在する物件を共同担保とし、既に、一登記所において登記が完了したことを、添付書類により知り得るときには、承認を証する書面の添付は不要にも考えられますが、いかがでしょうか。
[回答]
　前段貴見のとおり。
　後段添付すべきである。

〚先例39〛昭52・3・16民三1620（甲・乙会社の代表取締役がAである場合に、債務者を甲会社として、乙会社の不動産に根抵当権を設定）
[照会]
　甲、乙両会社の代表取締役が同一人であり、甲会社の債務を担保するため、乙会社所有の不動産に根抵当権を設定する場合には乙会社の取締役会の決議を要し、根抵当権設定登記申請書には、当該取締役会の議事録の添付を要するものと考えますが、いささか疑義がありますので、何分の御指示を賜わりたくお伺いいたします。

［回答］
　貴見により取り扱うのが相当である。

〚先例40〛昭38・11・5民甲3062（代表取締役が同じである甲・乙会社の債務を、甲会社の工場財団に抵当権を設定）
［照会］
　代表取締役を同じくする甲、乙両株式会社の債務の担保として甲所有にかかる工場財団に抵当権設定登記を申請する場合、その設定契約は、商法第265条に規定する「自己又ハ第三者ノ為ニ会社ト取引ヲ為ス」場合に該当するものと考えますが、反対説があり、いささか決しかねますので、何分の御指示を得たくお伺いします。
　なお、本件はさしかかった事件でありますから、電信にて御回示願います。
［回答］
　貴見のとおりと考える。

〚先例41〛昭29・7・6民甲1394
［照会］
　株式会社の取締役全員が連帯債務者（会社は非債務者）となり各自の所有不動産とともに会社所有不動産を共同担保として抵当権を設定する場合、商法第265条の規定を適用してさしつかえないでしょうか。
［回答］
　商法第265条の規定による取締役会の承認を要するが、取締役全員が特別の利害関係を有するので、その承認の決議をすることができず（商法260条ノ2第2項、第239条第5項）、従って、抵当権を設定するこ

ともできないと考える(筆者注：昭和29年当時の商法260条ノ2第2項は、239条5項の規定「総会ノ決議ニ付特別ノ利害関係ヲ有スル者ハ議決権ヲ行使スルコトヲ得ズ」を準用していた)。

〚先例42〛昭41・8・10民甲1877（取締役全員が同一人である2会社間の保証）

［照会］
　根抵当権設定登記申請事件につき、甲株式会社が債務者となり、乙株式会社がその物上兼連帯保証人となる場合、甲株式会社の取締役全員と乙株式会社の取締役全員が同一であるときは（但し、甲乙両株式会社の代表取締役はそれぞれ同一人ではない。）、乙株式会社における商法第265条（筆者注：会社法356条1項）の規定に基づく取締役会の承認決議は有効（各取締役は特別利害関係人に該当しない）と解して差支えないものと思料いたしますが、いささか疑義がありますので御照会いたします。

［回答］
　貴見のとおりと考える。

〚先例43〛昭41・6・8民三397（取締役会の承認の要否）
［照会］
一、次の抵当権設定登記をする場合、商法第265条の規定による取締役会の承認書の添付を要するものと考えておりますが、要しないとする意見もありますのでいかがでしょうか。
　1　債務者である甲株式会社のために、その代表取締役Aが保証人となって、同会社所有不動産について抵当権を設定する場合
　2　債務者である甲株式会社のために、その代表取締役Aが物上保

証人となって、同人所有不動産及び同会社所有不動産について抵当権を設定する場合
3 右の場合、代表取締役Ａのみが物上保証人となって抵当権を設定する場合
4 甲株式会社とその代表取締役Ａとが連帯債務者として、Ａ所有不動産について抵当権を設定する場合

「添付を要するとする理由」

　商法第265条は、取締役が会社外においてその地位を利用して、単独で又は他の取締役とともに私利を図り、会社の利益を害する行為を防止するためにあるもので、これは、取締役の権限に一種の制限を加えたものであると考えます。

　その意味からしても、本問の場合形式的には取締役個人と会社間との直接的な法律行為ではないが、会社がその債務を履行しないで、取締役がこれを履行した場合、取締役は主たる債務者である会社に対して、その求償権を行使することができる。この場合は、自己取引の場合と同様の効果が発生することとなるので、場合によっては、会社に対して不測の損害を与える場合もあり得るから、予め取締役会の承認を得たうえで契約すべきものと考えます。

　なお、この承認書の要否の判断は、申請書及びその添付書面並びに登記簿によってすべきであることは勿論です。

二、甲株式会社所有不動産について、債務者を同会社として抵当権設定登記中のところ、その後債務者を同会社代表取締役Ａとする変更登記の申請があった場合、商法第265条による取締役会の承認書を添付せしむべきものと考えますがいかがでしょうか。

三、（省略）

［回答］

　第一項、第二項いずれも取締役会の承認は要しない。
　第三項（省略）

第7章　株式会社と取締役等との利益相反取引

(4) 債務者・債権の範囲の変更

①

債務者　　　　　甲会社 抵当権設定者　　甲会社	→ 債務者　代表取締役A

　債務者・甲会社、同社所有の不動産に、抵当権設定登記中のところ、債務者を同会社の代表取締役Aとする変更については、取締役会（取締役会非設置会社では株主総会）の承認を要しない（〚先例43〛（217頁））。

②

債務者　　　　　代表取締役A 抵当権設定者　　代表取締役A	→ 債務者　甲会社

　甲会社の代表取締役Aを債務者・抵当権設定者とする抵当権設定登記がされている場合に、免責的債務引受を原因として債務者を甲会社に変更する抵当権変更登記の申請には、取締役会議事録（取締役会非設置会社では株主総会議事録）を提供することを要しない（登研588・207）。

③

債務者　　　　　　代表取締役A 根抵当権設定者　　代表取締役A	→ 債務者　代表取締役A 　　債務者　甲会社 　　　　　　（代表取締役A）

　債務者・根抵当権設定者が甲株式会社の代表取締役Aである場合において、債務者に甲株式会社を追加的に変更する債務者の変更登記の申請には、商法265条（現行会社法356条1項・365条1項）の規定の適用はない（登研515・252）。

④

| 債務者　　　　甲会社
　　　　　　　（代表取締役A）
根抵当権設定者　甲会社 | → | 債務者　　乙会社
　　　　　　（代表取締役A） |

　甲株式会社（代表取締役A）を債務者兼根抵当権設定者とする根抵当権について、債務者を甲株式会社から乙株式会社（代表取締役A）とする根抵当権変更登記の申請には、甲株式会社の取締役会議事録（取締役会非設置会社では株主総会議事録）を添付すれば足りる（登研515・253）。

⑤

| 債務者　　　　甲会社
　　　　　　　（代表取締役A）
根抵当権設定者　甲会社 | → | 債務者　　代表取締役A |

　債務者・根抵当権設定者が甲株式会社の場合に、甲会社の債務を代表取締役Aが引き受け、債務者にAを、債権の範囲に「年月日債務引受（旧債務者甲会社）にかかる債権」をそれぞれ追加的に変更する登記の申請には、甲会社の取締役会議事録（取締役会非設置会社では株主総会議事録）の提供を要する（登研533・153）。債権の範囲の変更を伴わないで、債務者を代表取締役Aとする場合も承認機関の承認を要する（登研382・82）。

⑥

| 債務者　　　　　代表取締役A
根抵当権設定者　代表取締役A | → | 債務者　　甲会社
　　　　　　（代表取締役A） |

　債務者・根抵当権設定者がAである根抵当権について、元本の確定前に債務者をAが代表取締役である甲株式会社に変更す

る根抵当権変更登記の申請には、商法265条（現行会社法356条1項・365条1項）の適用はない（登研373・86、同456・128）。

⑦

| 債務者　　　　代表取締役Ｘ
　　　　　　　　（死亡）
根抵当権設定者　甲会社
　　　　　　　（代表取締役Ａ） | → | 指定債務者
　　　代表取締役Ａ |

確定前の根抵当権の債務者が死亡し、設定者の法人の代表者を含む数人が相続人となり、甲会社の代表取締役Ａが合意により指定債務者となる変更登記を申請する場合には、甲会社における利益相反取引の承認議事録の提供が必要となる（協議結果集25頁）。

(5) 順位変更等

① 同一代表取締役による順位譲渡契約の締結

　中小企業金融公庫の代理貸付（担保権の処分権も委任されている。）を行っている銀行の代表取締役が、自行の1番抵当権を中小企業金融公庫の2番抵当権のために順位譲渡する契約を締結するには、取締役会（取締役会非設置会社では株主総会）の承認を要する（〚先例44〛(222頁)）。

② 同一代表取締役による順位変更契約の締結

　順位1番（根）抵当権者Ａ（株式会社）、順位2番（根）抵当権者Ｂ（住宅金融公庫（当時））の設定登記があるところ、順位2番を順位1番とする順位変更契約が、Ｂから、包括委任を受けているＡの代表者が双方を代理して行っている場合、取締役会（取締役会非設置会社では株主総会）の承認を要する。取締役会（取締役会非設置会社では株主総会）の承認を証する情報は、順位

変更登記の申請情報と併せて提供しなければならない（登研454・133）。

〘先例44〙昭43・4・5民三436（同一代表取締役による順位譲渡契約の締結）

［照会］
　さて、当行は中小企業金融公庫業務受託金融機関として代理貸付を行っております。
　そこで債権者当行は債務者（丙）に対し丙所有の物件上に第1順位抵当権を設定済の上貸出中でありますが、今回同一債務者丙より中小企業金融公庫代理貸付の借入申込に際し丙所有の物件上に第2順位の抵当権設定の上貸出を実行致し、その上第1順位抵当権と第2順位抵当権との間に順位譲渡契約を締結し登記手続きを進行中でありますが、この際左記様式にて登記申請する際、
（一）　当行代表取締役(B)に関して"取締役が第三者の為に会社と取引をする"ことは単なる委任行為に過ぎず代表者としての取引でない関係上商法第265条による取締役会の承認は不要と思料されますが当解釈にて差支えないか。
（二）　なお取締役会の承認を必要とするなれば民法第108条による自己契約及双方代理人の禁止条項は緩和され、当行代表取締役(A)(B)何れか一方の調印のみで差支えないか。
　以上につきご多忙中恐れ入りますが何分のご回答を賜わりたくお願い致します。
　先ずは要用のみ

敬具

記

抵当権順位譲渡証書

第1条〜第5条　　省略

この抵当権の順位譲渡等を証するため証書1通を作成し乙が
　　　これを保有する。
　　　年　月　日
　　　　　甲　　住　所
　　　　　　　　株式会社〇〇銀行
　　　　　　　　　代表取締役　(A)
　　　　　乙　　住　所
　　　　　　　　中小企業金融公庫
　　　　　　　　　総裁
　　　　代理人　住　所
　　　　　　　　株式会社〇〇銀行
　　　　　　　　　代表取締役　(B)
　　　　　丙　　住　所
　　　（債務者）　氏　名

［回答］
1、取締役会の承認を要する。
2、同一の代表取締役が所問の証書を作成してさしつかえない。

(6)　根抵当権移転

　代表取締役が同一人である甲株式会社および乙株式会社が債務者、甲株式会社を根抵当権設定者とする確定前の根抵当権について全部譲渡の登記を申請する場合、申請情報として、会社法356条1項3号の規定により、甲株式会社の取締役会（取締役会非設置会社では株主総会）の承認を受けたことを証する取締役会議事録（取締役会非設置会社では株主総会議事録）を提供しなければならない（登研664・181）。

　確定前の根抵当権を全部譲渡する場合は、これにより被担保債

権がまったく変わり、乙株式会社を債務者とする新たな根抵当権を設定する場合と異ならないからである。

(7) 所有権以外の権利の抹消登記

① 抵当権抹消・根抵当権抹消～弁済・解除

債権者である甲会社から、同会社の取締役が金銭を借り受けその所有に係る不動産を担保として設定登記をした抵当権につき、「弁済」を原因として抹消登記を申請する場合は、取締役会（取締役会非設置会社では株主総会）の承認を証する情報の提供を要しない。「契約解除」（解除）を原因として根抵当権の抹消登記を申請する場合は、取締役会（取締役会非設置会社では株主総会）の承認を証する情報の提供を要する（昭37・3・13民甲646、③を参照）。

この相違は、抹消に際して取締役と会社との間で抹消の登記原因となる契約（本例では、解除契約）が新たに締結（取引）されるか否かによる。解除の場合には、被担保債権が残存していることもある。

② 抵当権抹消～主債務消滅

甲有限会社（代表取締役A）を抵当権者、Aを債務者兼抵当権設定者とする保証委託契約に基づく求償債権を担保するための抵当権設定登記を、「主債務消滅」を原因として抵当権の抹消を申請する場合は、申請書に甲有限会社の社員総会議事録（会社法では、取締役会または株主総会の議事録）を添付することを要しない（登研570・173）。

③ 抵当権抹消～解除

代表取締役を同じくする甲・乙両会社間で、甲会社を抵当権設定者兼債務者、乙会社を抵当権者とする抵当権設定仮登記がなされているところ、「解除」を原因として当該仮登記を抹消す

るには、乙会社の取締役会議事録（取締役会非設置会社では株主総会議事録）の添付を要する（登研539・154）。
④　地上権抹消～放棄
　甲株式会社の代表取締役所有の土地に設定されている甲社名義の地上権設定登記を、「放棄」を原因として抹消するには、取締役会議事録（取締役会非設置会社では株主総会議事録）の添付を要する（登研534・129）。
　本例の権利の放棄は単独行為であるが、取締役に有利であり会社の利益が失われるからである。
(8)　**商業登記に関係する行為**
①　A株式会社の募集設立に際し、株式申込人であるB株式会社の代表取締役が設立会社の発起人と同一人である場合でも、設立登記申請書にB会社の取締役会議事録（取締役会非設置会社では株主総会議事録）の添付を要しない（〚先例45〛(228頁)）。
　本件の株式申込行為は利益相反行為となり、B会社の承認機関の承認を要するが、次の理由により承認機関の議事録の提供を要しないとされる（商業・法人登記先例解説総覧1126頁）。
　イ　株式の申し込みをする者が、株式の発行会社とどのような関係に立つ者であるかは設立登記申請の際には問題とする必要はなく、株式の申し込みをしたB会社の代表取締役がA会社とどのような関係にあるかは登記官の審査権限の範囲外と考えられる。
　ロ　取締役会議事録が要するのは取締役会決議が登記事項発生の直接の原因となっている場合に限られると解され、本件の場合は取締役会議事録を添付する場合に該当しない。
　ハ　A会社の登記申請に他社の取締役会議事録を添付させることは不合理であり、B会社が協力しない場合には、A会社は

登記申請をすることができなくなってしまう。

② 親権者が、未成年の子を代理して、未成年の子とともに合名会社の設立行為をすることは、利益相反行為ではない（大判大6・2・2民録23・186）。

③ 準共有株式の権利行使者の指定

「株式が未成年の子とその親権者を含む数人の共有に属する場合において、親権者が未成年の子を代理して商法203条2項（筆者注：会社法106条）にいう「株主ノ権利ヲ行使スベキ者」を指定する行為は、その者を親権者自身と指定するときであっても、（筆者注：民法826条の）利益相反行為にあたるものではない」（最判昭52・11・8民集31・6・847）。

準共有株式の権利行使者の指定行為の性質は、準共有物の管理行為とみることができる。会社との関係においても、株主は準共有者全員であることに変わりはないし、第三者との関係では、権利行使者は株式の処分権その他なんらの権限を取得するものではない。権利行使者として親権者自身を指定するときであっても、親権者はもともと未成年の子の法定代理人であるから、この指定によって子の利益を害することになるとは考えられない（最高裁判例解説昭和52年度311頁〔平田浩〕）。

④ 甲会社の募集株式の募集に際し、甲会社と代表取締役を同じくする乙会社が募集株式を引き受ける場合に、募集株式の募集方法が、①公募による場合、②株主割当による場合、③第三者割当による場合のいずれであっても、引き受け会社である乙会社の承認機関（取締役会設置会社では取締役会、取締役会非設置会社では株主総会）の承認が必要である。なお、募集株式の発行による変更登記の申請書には、承認機関が承認した議事録

⑤　取締役会設置会社である甲会社の代表取締役Ａが、取締役会設置会社である乙会社の取締役でもあるときに、乙会社の募集株式の募集につき、Ａが甲会社名義で乙会社に不動産を現物出資して乙会社の発行する募集株式を引き受ける行為は、当該不動産の現物出資による所有権移転登記の添付情報として、当該取引を承認した甲会社の取締役会議事録を提供する。乙会社については、現物出資を受け入れるに当たり、既に株主総会の決議を経ているため、当該取引についての取締役会の承認を要しない（登研755・171）。なお、公開会社（会社2五．）の場合は、募集事項の決定は取締役会の決議となることに注意を要する（会社199②・201①）。次の⑥を参照。

⑥　「増資新株の引受並びにその引受株式に対する現物出資の履行行為については右商法第265条（筆者注：会社356①二・365①）の適用はないものと解するのが、相当である。けだし、現物出資の場合は、出資者の氏名・目的物・その価格及び出資者に与うべき株式の数を増資に関する株主総会で決議すべきものであるべきであり、すでに総会の決議によってこの様なことが定められた以上、会社の利益保護の為に設けられた商法第265条の監査役（筆者注：（注））の承認の手続を重ねて履む必要はないものと解するのが相当だからである」（福岡高判昭30・10・12判時66・20）。

　（注）　本判決がいう商法265条は、昭和13年法律72号による改正商法によるものであり、取締役と会社間の取引は「監査役ノ承認ヲ得タルトキ」には、これを認めていた。取締役会の承認事項となったのは昭和25年法律167号による改正商法からである。

の添付を要しない（登先293・138、株主割当の事例につき商事法務1063・42、第三者割当の事例につき実務相談株式会社法3・236）。

〚**先例45**〛昭61・9・10民四6912（会社設立と利益相反取引）
［照会］
　A株式会社の募集設立に際し、株式申込人であるB株式会社の代表取締役が、A株式会社の発起人と同一人である場合、A株式会社の設立登記申請書に、B株式会社における商法265条（筆者注：会社法356条1項・365条1項）に規定する取締役会の承認を受けた旨の議事録の添付は要しないと考えますが、いささか疑義がありますので、お伺いします。
［回答］
　貴見のとおり取り扱って差し支えないものと考えます。

6　利益相反取引と不動産登記の申請
(1)　利益相反取引の承認を受けた代表取締役が登記の申請をする場合

　①代表取締役Aが自己が代表取締役である甲株式会社と利益相反取引となるために承認機関の承認を受けて法律行為（例：売買）をした場合、または、②乙株式会社および丙株式会社の代表取締役であるAが、両社を代表して法律行為（例：売買）をなすことにつき承認機関の承認を得ている場合において、当該法律行為に基づいてAが所有権移転登記を申請することができる。登記の申請は当事者間に新たな実体法上の利益交換を生ずるものではないから、これに仮に民法108条（自己契約・双方代理）を類推適用するとしても、「債務の履行」に準ずるものとして、同条ただし書に該当する場合というべきである（幾代・不動産登記法102頁）。

(2)　利益相反取引の承認を受けた者と別の者が登記の申請をする場合

　甲株式会社（代表取締役A・同B）と乙株式会社（代表取締役

A・同C）で売買契約を締結するにつき、Aが双方の会社を代表するとして承認機関の承認を得ている場合において、所有権移転登記の申請は、別の代表取締役（BおよびC）で行うことも問題はない（登先197・8参照）。

7 承認を得ない取引の効力・事後承認等
(1) 承認機関の承認を得ない取引の効力

取締役会の承認（会社365①。現行会社法では、取締役会非設置会社にあっては株主総会の承認（会社356①））を得ない利益相反取引の効力につき、判例は、間接取引および手形行為について、承認のない取引は無効であるが、第三者に対しては会社はその者の悪意を証明するのでなければ無効を主張できないとする見解（相対的無効説）を採っている（【判例29】、最判昭46・10・13民集25・7・900、最判昭47・4・4民集26・3・373ほか）。この相対的無効説が通説とされる（会社法コンメンタール8・87頁〔北村雅史〕）。

なお、上記の間接取引および手形行為以外の第三者（例えば、株主総会・取締役会の承認を得ない取引により、会社から取締役に譲渡された不動産の転得者）との関係においても、判例は、相対的無効説を採ることが予想される（江頭・株式会社法443頁）。

会社法356条1項2号および3号の利益相反取引規定の趣旨がもっぱら会社の利益の保護にあることからみて、株主総会・取締役会の承認がないことによる取引の無効は会社のみがこれを主張することができ、取引の相手方その他会社以外の第三者からは、その無効を主張すべきことができないと解されている（【判例30】（230頁）、大隅＝今井・会社法論中245頁）。

【判例29】最判昭43・12・25民集22・13・3511

「取締役が右規定（筆者注：商法265条）に違反して、取締役会の承認を受けることなく、右の如き行為をなしたときは、本来、その行為

は無効と解すべきである。このことは、同条は、取締役会の承認を受けた場合においては、民法108条の規定を適用しない旨規定している反対解釈として、その承認を受けないでした行為は、民法108条違反の場合と同様に、一種の無権代理人の行為として無効となることを予定しているものと解すべきであるからである。

　取締役と会社との間に直接成立すべき利益相反する取引にあっては、会社は、当該取締役に対して、取締役会の承認を受けなかったことを理由として、その行為の無効を主張し得ることは、前述のとおり当然であるが、会社以外の第三者と取締役が会社を代表して自己のためにした取引については、取引の安全の見地より、善意の第三者を保護する必要があるから、会社は、その取引について取締役会の承認を受けなかったことのほか、相手方である第三者が悪意（その旨を知っていること）であることを主張し、立証して始めて、その無効をその相手方である第三者に主張し得るものと解するのが相当である。」

【判例30】最判昭48・12・11民集27・11・1529
　「商法265条が株式会社と取締役個人との間の取引について取締役会の承認を受けることを必要とするものと定めた趣旨は、会社と取締役との間で利害の対立する取引について、取締役が会社の利益の犠牲において私利をはかることを防止し、会社の利益を保護することを目的とするものであるから、同条の右趣旨からすると、会社が取締役個人に対して貸し付けた金員の返還を求めた場合に、取締役が同条違反を理由としてみずからその貸付の無効を主張することは、許されないものと解するのが相当である。」

(2) 事後承認
　前述(1)のように、株主総会・取締役会の承認を得ない利益相反取引は相対的無効と解されている。したがって、株主総会・取締役会の承認を得ない利益相反取引は原則として無効であるが、株

主総会・取締役会の承認の有無を問わず、利益相反取引をした取締役は会社に生じた損害につき結果責任を負うことから（会社423③）、承認は事後でも差し支えないとされている（通説。大隅＝今井・会社法論中243頁）。

なお、大審院の判決であるが、「監査役カ（略）後日ニ於テ其承認ヲ為サシメ取引ヲ有効ナラシムルモ法律ノ精神ニ反シタルモノト謂フヘカラス（略）監査役ノ承認ハ事前ニ於テモ事後ニ於テモ之ヲ與フルコトヲ得ルモノニシテ（略）事前ノ承認ナキトキハ取締役ノ取引行為ハ無効ナルモ確定的ニ無効ナルニアラスシテ監査役カ承認ヲ為シ又ハ承認ノ拒絶ヲ為ス迄ハ浮動ノ情態ニ在ルモノニシテ之ヲ無権代理ノ場合ニ準スヘキモノト解スルヲ相当トス」と述べ取引後の承認を有効としたものがある（大判大8・4・21民録25・624）。[*1]

事後承認の効力発生時期について裁判例は、「商法第265条（現会社法356条1項2号・3号）にいう承認とは事後の承認すなわち追認をも含み、事後承認のなされた取引はその行為時に遡って有効となると解するのを相当とする」としている（金商279・15）。

承認機関の事後承認が許される時機は、取引行為の安定性を考えて、相当な期間内になされることを要し、取引後4年6か月を経過してなされた事後承認によっては、承認の効果を生じないとする見解がある（最高裁判例解説昭和45年度(上)360頁〔宇野栄一郎〕）。

[*1] この判決当時の商法（明治44年法律73号）176条は、「取締役ハ監査役ノ承認ヲ得タルトキニ限リ自己又ハ第三者ノ為ニ会社ト取引ヲ為スコトヲ得此場合ニ於テハ民法第108条ノ規定ヲ適用セス」としていた。

(3) 登記申請の受理・不受理

利益相反取引を承認した株主総会・取締役会の議事録または株主・取締役の全員の同意を証する情報（監査役設置会社にあっては取締役の提案について異議を述べなかったことを証する情報を含む。）は、不動産登記令7条1項5号ハで定める「登記原因につい

て第三者の承諾を証する情報」に該当する（平18・3・29民二755 6〚先例31〛（167頁））。

「登記原因について第三者の承諾を証する情報」は、申請情報と併せて登記所に提供しなければならない（不登令7①柱書）。この添付情報が提供されないときは、不動産登記法25条9号の規定により登記の申請が却下される。

ただし、予備的な登記である仮登記の申請については、その登記原因について第三者の許可、同意または承諾を要する場合であっても、この許可等を証する情報の提供を要しない。例えば、農地法所定の許可を受けて売買により農地の所有権が移転したのにもかかわらず、所有権移転仮登記（不登105一）を申請する場合、または、不動産登記法105条2号の請求権保全の仮登記を申請する場合には、第三者の許可書等の提供を要しない（〚先例46〛）。

〚先例46〛昭39・3・3民甲291（仮登記申請の際の添付情報）
［照会］
仮登記の申請について、次のとおり疑義を生じましたので、何分の御垂示を賜わりたくお伺いします。
1、（省略）
2、登記原因について第三者の許可、同意又は承諾を要するときはこれを証する書面を登記の申請書に添付することを要するのですが（法第35条第1項4号（筆者注：旧不動産登記法「登記原因ニ付キ第三者ノ許可、同意又ハ承諾ヲ要スルトキハ之ヲ証スル書面」を提出せよという規定）、昭和29年6月30日付民事甲第1353号貴職回答（筆者注：要旨＝農地の停止条件付所有権移転請求権保全仮登記については、申請書に都道府県知事の許可書を添付すべき））、右は、登記原因の無効又は取消原因の存する登記を可及的に防止する趣旨のものと解されますところ、仮登記は、予備的な登記でありますので、これらの書面は、本登記の申請書に添付すれば足り、仮登記の申請書には、その添付を

要しないものと考えますがどうでしょうか。
[回答]
第一項、第二項とも貴見のとおりと考える。

8 執行役の利益相反取引
(1) 指名委員会等設置会社

　指名委員会等設置会社とは、定款の定めにより、指名委員会、監査委員会および報酬委員会を置く株式会社をいう（会社2二十二）。資本金の額による会社の規模、公開会社であるか公開会社でないかを問わず指名委員会等設置会社となることはできるが、取締役会設置会社であり（会社327①四）、かつ、会計監査人設置会社（会社327⑤・2十一）であることを要する。取締役を構成員とする監査委員会（会社400②）が設けられる関係で、監査役は置かれない（会社327④）。

(2) 執行役
（一） 必要的常設機関

　指名委員会等設置会社には、取締役会で選任した1人または2人以上の執行役を置かなければならない（必要的常設機関）。執行役は、取締役を兼ねることができる（会社402①②⑥）。
　指名委員会等設置会社は代表取締役を置くことができない。取締役会は、執行役の中から代表執行役を選定しなければならない（執行役が1人のときは、その者が代表執行役に選定されたものとされる。）。代表執行役は、会社の業務に関する一切の裁判上または裁判外の行為をする権限を有する（会社420①③・349④）。

（二） 執行役の権限

　執行役は、次に掲げる職務を行う（会社418）。

① 会社法416条4項の規定による取締役会の決議によって委任を受けた指名委員会等設置会社の業務の執行の決定。

② 指名委員会等設置会社の業務の執行。

(3) 執行役の利益相反取引

指名委員会等設置会社は取締役会設置会社であるから（会社327①四・400②・416参照）、執行役が会社との利益相反取引をなす場合には、一般の取締役会設置会社の取締役（前記1～6で記述した取締役会設置会社の取締役）と同じ規制を受ける（会社419②）。

会社法419条2項は、執行役と会社との利益相反取引につき、同法356条および365条2項の規定を準用する。この場合においては、下記表の傍線のように読み替えられる（会社419②）。

（イ）　会社法419条2項による356条の準用

取締役の利益相反取引 （会社356）	執行役の利益相反取引 （会社419②・356）
①　取締役は、次に掲げる場合には、株主総会において、当該取引につき重要な事実を開示し、その承認を受けなければならない。 1　取締役が自己又は第三者のために株式会社の事業の部類に属する取引をしようとするとき。 2　取締役が自己又は第三者のために株式会社と取引をしようとするとき。 3　株式会社が取締役の債	①　執行役は、次に掲げる場合には、取締役会において、当該取引につき重要な事実を開示し、その承認を受けなければならない。 1　執行役が自己又は第三者のために株式会社の事業の部類に属する取引をしようとするとき。 2　執行役が自己又は第三者のために株式会社と取引をしようとするとき。 3　株式会社が執行役の債

第7章　株式会社と取締役等との利益相反取引　　235

務を保証することその他取締役以外の者との間において株式会社と当該取締役との利益が相反する取引をしようとするとき。 ② 民法第108条の規定は、前項の承認を受けた同項第2号の取引については、適用しない。	務を保証することその他執行役以外の者との間において株式会社と当該執行役との利益が相反する取引をしようとするとき。 ② 民法第108条の規定は、前項の承認を受けた同項第2号の取引については、適用しない。

（ロ）　会社法419条2項による365条2項の準用

取締役の利益相反取引 （会社365②）	執行役の利益相反取引 （会社419②・365②）
② 取締役会設置会社においては、第356条第1項各号の取引をした取締役は、当該取引後、遅滞なく、当該取引についての重要な事実を取締役会に報告しなければならない。	② <u>第356条第1項各号の取引</u>をした執行役は、当該取引後、遅滞なく、当該取引についての重要な事実を取締役会に報告しなければならない。

9　清算人の利益相反取引

(1)　清算会社の機関

　　会社法で定める清算には、通常の清算（特別清算でない清算。）（会社475以下）と特別清算（会社510以下）とがある。以下においては、通常の清算に関して述べる。

　　通常の清算会社（会社法475条で定める清算の開始原因が発生

したことにより清算をする株式会社をいい、以下「清算会社」という。）には、次の機関を置かなければならない。
① 必要的機関

清算株式会社の類型	必要的機関	会社法
すべての清算会社	株主総会 清算人（1人以上）	491 477①
定款に、監査役会または清算人会を置く旨の定めがある清算会社	清算人会	477②③
解散等の清算開始原因（会社475）発生時に、公開会社（会社2五）または大会社（会社2六）であった清算会社	監査役	477④
解散等の清算開始原因（会社475）発生時に、公開会社（会社2五）または大会社（会社2六）で、監査等委員会設置会社であった清算会社	監査等委員である取締役が監査役となる	477⑤
解散等の清算開始原因（会社475）発生時に、公開会社（会社2五）または大会社（会社2六）で、指名委員会等設置会社であった清算会社	監査委員が監査役となる	477⑥

第7章　株式会社と取締役等との利益相反取引

② 任意機関

すべての清算会社は、定款で、清算人会、監査役または監査役会を置くことができる旨を定めることができる（会社477②）。監査役会を設置した場合には、清算人会の設置が必要となる（①の表を参照）。

(2) 取締役の登記の抹消・清算人の職務

清算会社は、清算の目的の範囲において、清算が結了するまでなお存続する（会社476）。清算会社は営業行為を行わないので取締役の任務は終了し、これに代わって清算人が就職する（会社477①）。

会社法471条（株主総会の決議による解散等株式会社の解散事由。ただし、4号・5号を除く。）または472条1項本文（休眠会社）の規定による解散の登記をしたときは、取締役会設置会社である旨の登記ならびに取締役、代表取締役および社外取締役に関する登記を抹消する記号が記録される（商登規72①一）。

清算人の職務は、現務の結了、債権の取立ておよび債務の弁済、残余財産の分配を行うことにある（会社481）。

(3) 清算人の利益相反取引

(イ) 承認機関の図

清算人会を設置していない清算会社と清算人会設置会社とでは、清算人の利益相反取引の承認機関が、次の図のように異なる。

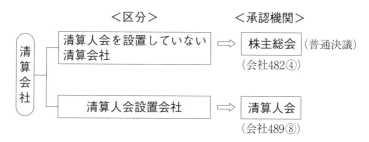

★ 清算人会を設置していない清算会社では、清算人の人数に関係なく、利益相反取引の承認は株主総会で行う。

利益相反取引の当事者である清算人が株主のときは、当該株主は株主総会で議決権を行使することができる。株主総会の決議について特別の利害関係を有する者が議決権を行使したことによって、著しく不当な決議がされたときは、株主等は決議取消しの訴えを提起することができる（会社831①三）。

(ロ) 清算人会を設置していない清算会社の清算人の利益相反取引

清算人会を設置していない清算会社の清算人と清算会社との利益相反取引については、次の①②のように取締役と会社における利益相反取引の規定（会社356）が準用される（会社法478条2項から4項までの規定により裁判所が選任した清算人は除かれる。）（会社482④）。

① 清算人会を設置していない清算会社の清算人が、自己または第三者のために清算会社と取引をしようとするとき（直接取引）は、株主総会において、当該取引につき重要な事実を開示して、普通決議（会社309①）による承認を受けなければならない。

② 清算人会を設置していない清算会社が、清算人の債務を保証することその他清算人以外の者との間において清算会社と当該清算人との利益が相反する取引をしようとするとき（間接取引）は、株主総会において、当該取引につき重要な事実を開示して、普通決議（会社309①）による承認を受けなければならない。

取締役の利益相反取引 （会社356）	清算人の利益相反取引 （会社482④・356）
① 取締役は、次に掲げる場	① 清算人は、次に掲げる場

第7章　株式会社と取締役等との利益相反取引

合には、株主総会において、当該取引につき重要な事実を開示し、その承認を受けなければならない。 1　（競業取引規制―省略）。 2　取締役が自己又は第三者のために株式会社と取引をしようとするとき。 3　株式会社が取締役の債務を保証することその他取締役以外の者との間において株式会社と当該取締役との利益が相反する取引をしようとするとき。 ②　民法第108条の規定は、前項の承認を受けた同項第2号の取引については、適用しない。	合には、株主総会において、当該取引につき重要な事実を開示し、その承認を受けなければならない。 1　（競業取引規制―省略）。 2　清算人が自己又は第三者のために清算株式会社と取引をしようとするとき。 3　清算株式会社が清算人の債務を保証することその他清算人以外の者との間において清算株式会社と当該清算人との利益が相反する取引をしようとするとき。 ②　民法第108条の規定は、前項の承認を受けた同項第2号の取引については、適用しない。

(ハ)　清算人会設置会社の清算人の利益相反取引

　清算人会設置会社の清算人と清算会社との利益相反取引については、次の①②のように取締役と会社における利益相反取引の規定（会社356・365）が準用される（会社法478条2項から4項までの規定により裁判所が選任した清算人は除かれる。なお、下記表の傍線部分のように読み替えるものとされている。）（会社482④・489⑧）。

① 清算人会設置会社の清算人が、自己または第三者のために清算会社と取引をしようとするとき（直接取引）は、清算人会において、当該取引につき重要な事実を開示して、その承認を受けなければならない。

② 清算人会設置会社が、清算人の債務を保証することその他清算人以外の者との間において清算会社と当該清算人との利益が相反する取引をしようとするとき（間接取引）は、清算人会において、当該取引につき重要な事実を開示して、その承認を受けなければならない。

取締役の利益相反取引 （会社365）	清算人の利益相反取引 （会社489⑧・365）
① 取締役会設置会社における第356条の規定の適用については、同条第1項中「株主総会」とあるのは、「取締役会」とする。	① 清算人会設置会社における<u>第482条第4項において準用する第356条</u>の規定の適用については、同条第1項中「株主総会」とあるのは、「<u>清算人会</u>」とする。
② 取締役会設置会社においては、第356条第1項各号の取引をした取締役は、当該取引後、遅滞なく、当該取引についての重要な事実を取締役会に報告しなければならない。	② 清算人会設置会社においては、<u>第482条第4項において準用する第356条</u>第1項第各号の取引をした<u>清算人</u>は、当該取引後、遅滞なく、当該取引についての重要な事実を<u>清算人会</u>に報告しなければならない。

第8章
持分会社と社員との利益相反取引

第8章　持分会社と社員との利益相反取引

1　業務執行・業務を執行する社員

合名会社、合資会社および合同会社のことを「持分会社」と総称している（会社575①。以下、特に限定しない限り「持分会社」という。）。

持分会社においては、業務を執行する社員が、利益相反取引をしようとするときは、定款に別段の定めがある場合を除き、利益相反取引をしようとする社員を除いた他の社員の過半数の承認を受けなければならない（会社595①）。

持分会社における「業務執行」および「業務を執行する社員」とは、次のとおりである。

(1)　業務執行

「業務執行」とは、持分会社の営業に関する事務を執行することである。持分会社の営業の存在を前提とし、その営業に関する事務の執行であって、例えば、持分会社の営業に関する法律行為などの契約締結等の行為、事実行為である帳簿の記入、商品の管理、使用人の指揮・監督などの行為をいい、持分会社内部の事務の管掌たると外部に対する代表行為たるとを問わない。ただし、持分会社の基礎にかかわる事項、例えば、定款変更、組織変更、合併、解散等は業務執行に含まれない（注釈会社法(1)223頁〔米沢明〕）。

(2)　業務を執行する社員

業務を執行する社員（業務執行社員）とは業務執行権を有する社員をいい、業務執行機関を構成する。

持分会社の業務を執行する社員には、次の者がなる。

①　社員は、定款に別段の定めがある場合を除き、持分会社の業

務を執行する（会社590①）。会社法590条1項は「社員は」として、無限責任社員、有限責任社員を区別していない。したがって、定款に別段の定めがある場合を除き、有限責任社員であっても業務を執行する社員となる（新・会社法の解説158頁参照）。[*1]

② 定款で業務を執行する社員を定めることができる（会社590①）。

③ 法人も業務を執行する社員になれる（会社598①参照。ただし、銀行等法律で禁止された法人を除く。）。

> [*1] 旧商法151条は、「各無限責任社員ハ定款ニ別段ノ定ナキトキハ会社ノ業務ヲ執行スル権利ヲ有シ義務ヲ負ウ」と定めていた。最高裁昭和24年7月26日（民集3・8・283）は、定款の規定をもって有限責任社員に業務執行権を認めることを肯定している。

2 利益相反取引の規制

(1) 利益相反となる取引

業務を執行する社員が、次の①または②の行為をしようとするときは、利益相反取引になる（会社595①）。

> ① 業務を執行する社員が、自己または第三者のために持分会社と取引をしようとするとき（直接取引）。
>
> ② 持分会社が、業務を執行する社員の債務を保証することその他社員でない者との間において持分会社と当該社員との利益が相反する取引をしようとするとき（間接取引）。

なお、①または②でいう「取引」とは、社員個人と会社との間に利益相反関係のある一切の法律行為をいい、社員と会社との間になされる利益相反行為のみならず、社員が会社を代表して第三者とする社員個人に利益で会社に不利益な行為をも包含する。た

第8章　持分会社と社員との利益相反取引

だし、債務の履行・相殺などのように行為の性質上利害衝突のおそれのないものは含まれない（大隅＝今井・会社法論上83頁）。「取引」、「直接取引」および「間接取引」については、129頁の(3)、130頁の2を参照。

(2)　利益相反取引の承認

（一）　承認の方法

業務を執行する社員の利益相反取引を承認する方法は、利益相反取引をしようとする業務を執行する社員以外の社員の過半数による。ただし、定款に別段の定めがあるときは、その定めに従う（会社595①）。

定款に、持分会社とその社員間の利益相反取引について承認決議が不要の定めがあるときは、これを証するために定款（代表者の原本証明を要する。）の提供が必要である（不動産登記令7条1項5号ハの情報に該当する。）（協議結果集24頁）。

（二）　社員が2名で、その1名が利益相反取引になる場合

持分会社の社員がAとBの場合において、業務を執行する社員Aが利益相反取引になるときは、利益相反取引の可否は、特別利害関係を有しない他の社員Bの可否による。Bの無限責任・有限責任、業務執行権の有無は問わない（条文上の制限はない。）。

株式会社における事案であるが、取締役3名のうち2名が特別利害関係を有する場合は、特別利害関係を有しない取締役1名のみで、有効に取締役会決議をなし得るとする先例がある（〚先例28〛（147頁））。

また、判例は、合資会社の代表社員である無限責任社員と会社との間の動産売買の取引は、会社の許諾があるときは、「利害相反する事項」についても、その無限責任社員が会社を代理し

て為すことができる。会社が無限責任社員1名・有限責任社員1名のみにより組織せられる場合には、その有限責任社員の同意があるときは、会社の許諾があるとしている(【判例31】、『先例47』(252頁)参照)。

【判例31】大判昭9・6・15民集13・1473(社員1名の場合の同意)
「会社が無限責任社員1名有限責任社員1名のみに依りて組織せらる場合に其の有限責任社員の同意あるときは無限責任社員は常に会社と取引を為すことを得るものとす蓋し此の場合に於ては右の取引に付結局会社を組織する総社員の同意あることとなるの結果会社か該取引を許諾せるものと云ふに妨なければなり」

3 利益相反取引を承諾したことを証する情報
(1) 第三者の承諾を証する情報
(一) 他の社員の過半数の一致があったことを証する情報

持分会社における業務を執行する社員の利益相反取引を、当該社員を除く他の社員の過半数の一致で承認したときは、申請情報と併せて利益相反取引となる社員を除いた「他の社員の過半数の一致があったことを証する情報」を提供する(『先例31』(167頁))。この「他の社員の過半数の一致があったことを証する情報」は、不動産登記令7条1項5号ハで規定する「第三者の承諾を証する情報」に該当する(上記先例)。

上記の「第三者の承諾を証する情報」が書面で作成された場合には、法務省令で定める場合(173頁(二)を参照)を除き、その作成者が記名押印しなければならない(不登令19①)。この場合における「作成者」とは、書面を事実上作成した者という意味ではなく、文書に示された意思表示等の主体である作成名義人

という意味である（逐条不動産登記令111頁、登研701・214）。この書面には、官庁または公署の作成に係る場合その他法務省令で定める場合（174頁③を参照）を除き、記名押印した者の印鑑に関する証明書を添付しなければならない（不登令19②）。

（二）　印鑑証明書等

「他の社員の過半数の一致があったことを証する情報」の記名者が押印する印鑑は、持分会社を代表する社員で登記所に印鑑の提出をしている者については登記所に、それ以外の社員については市町村にそれぞれ登録している印鑑を押印する（〚**先例33**〛(176頁))。また、記名押印者の資格証明情報（登記事項証明書等）を承諾を証する情報の一部として添付する（逐条不動産登記令80頁、登研535・175参照）。会社法人等番号を提供したときは、この資格証明情報に代えることができる（平27・10・23民二512・2(4)）。

利益相反取引の当事者である業務を執行する社員は、利益相反取引の承認につき可否の意思表示をする者にならないので（会社595①)、記名押印を要しない。

（三）　参考事項

（一）で記述している「他の社員の過半数の一致があったことを証する情報」とは、商業登記法93条（同法111条・118条で準用）でいう登記すべき事項につきある社員の一致を要するときは、申請書にその一致があったことを証する書面を添付しなければならないという場合の書面が該当するといえる。[*1]商業登記法93条（会社法の施行に伴う関係法律の整備等に関する法律（平成17年法律87号）による改正前の商業登記法54条）でいう「ある社員の一致があったことを証する書面」とは、その一致があったことを記載して、ある社員が署名または記名押印

た書面である（商業登記法逐条解説198頁）。

*1　〘先例31〙（167頁）は、持分会社の場合につき、「第三者の承諾を証する情報は、（省略）他の社員の過半数の一致があったことを証する情報となる（整備法（筆者注：会社法の施行に伴う関係法律の整備等に関する法律（平成17年法律87号））による改正後の商業登記法（昭和38年法律第125号。（省略））第46条第2項、第93条、第111条、第118条参照）。」としている。

(2)　他の社員の過半数の一致があったことを証する情報の例

（一）　合名会社の場合

承　諾　書　❶

1. 当会社の業務を執行する社員であるAが、当会社が所有する後記記載の土地を別紙売買契約書案の要領で買い受けることにつき、Aを除く他の社員全員は異議なくこれを承諾する。　❷

記

　売　買　日　　　平成〇年〇月〇日
　売　買　代　金　　金〇万円
　不動産の表示　　　〇市〇町〇番
　　　　　　　　　　宅地　〇〇・〇〇m²

　平成〇年〇月〇日

　　　　　　　　　　　　合名会社　〇〇
　　　　　　　　　　　　　社員　B　㊞　❸
　　　　　　　　　　　　　社員　C　㊞

---

❶　会社法595条1項の規定に基づく利益相反取引の承認の場合は「第三者の承諾」と解されるから、本例では「承諾書」とした（〘先例31〙は、「第三者の承諾を証する情報」という文言を使用している。）。標題は、特にこだわる必要はない。

❷ 利益相反取引の承認は、利益相反取引をしようとする社員以外の社員の過半数の承認を受けなければならない（会社595①）。
❸ 肩書きについては、「無限責任社員」としてもよい。
　利益相反取引をしようとする業務を執行する社員以外の社員が記名押印する。会社を代表する者で登記所に印鑑を提出している者についてはその印鑑を、それ以外の社員については市区町村に登録している印鑑を押印する。

（二）　合資会社

承　諾　書　❶

1. 当会社の業務を執行する社員であるAが、当会社が所有する後記記載の土地を別紙売買契約書案の要領で買い受けることにつき、Aを除く他の社員全員は異議なくこれを承諾する。　❷

記
　売　買　日　　　平成○年○月○日
　売　買　代　金　　金○万円
　不動産の表示　　　○市○町○番
　　　　　　　　　　宅地　○○・○○m^2

　平成○年○月○日

　　　　　　　　　　合資会社　　○○
　　　　　　　　　　無限責任社員　B　㊞　❸
　　　　　　　　　　有限責任社員　C　㊞

---

❶ 会社法595条1項の規定に基づく利益相反取引の承認の場合は「第三者の承諾」と解されるから、本例では「承諾書」とした（〚先例31〛（167頁）は、「第三者の承諾を証する情報」という文言を使用している。）。標題は、特にこだわる必要はない。
❷ 利益相反取引の承認は、利益相反取引をしようとする社員以外の社員の過半数の承認を受けなければならない（会社595①）。

❸　肩書きについては、単に「社員」としてもよい。利益相反取引をしようとする業務を執行する社員以外の社員が記名押印する。会社を代表する者で登記所に印鑑を提出している者についてはその印鑑を、それ以外の社員については市区町村に登録している印鑑を押印する。

（三）　合同会社

承　諾　書　❶

1. 当会社の業務を執行する社員であるAが、当会社が所有する後記記載の土地を別紙売買契約書案の要領で買い受けることにつき、Aを除く他の社員全員は異議なくこれを承諾する。　❷

記

売　買　日　　　平成〇年〇月〇日
売　買　代　金　　金〇万円
不動産の表示　　　〇市〇町〇番
　　　　　　　　　宅地　〇〇・〇〇m²

平成〇年〇月〇日

　　　　　　　合同会社　〇〇
　　　　　　　　　　社員　B　㊞　❸
　　　　　　　　　　社員　株式会社C
　　　　　　　　　　　　職務執行者　D　㊞

---

❶　会社法595条1項の規定に基づく利益相反取引の承認の場合は「第三者の承諾」と解されるから、本例では「承諾書」とした（『先例31』（167頁）は、「第三者の承諾を証する情報」という文言を使用している。）。標題は、特にこだわる必要はない。

❷　利益相反取引の承認は、利益相反取引をしようとする社員以外の社員の過半数の承認を受けなければならない（会社595①）。

❸　肩書きについては、「有限責任社員」としてもよい。利益相反取引をしようとする業務を執行する社員以外の社員が記名押印する。会社を代表する者で登記所に印鑑を提出している者についてはその印鑑を、それ以

外の社員については市区町村に登録している印鑑を押印する。

4 利益相反取引の例

　持分会社の業務を執行する社員と会社との利益相反取引（直接取引・間接取引）の事例については、株式会社の場合と同じである。会社法施行前の利益相反事例を次に掲げるが、現行法における承認の方法については、245頁(2)で記述した方法になることに注意されたい。

① 　根抵当権設定登記の債務者が、設定者甲合資会社の代表社員である場合において、その根抵当権登記につき極度額を増額するについては、社員の承認決議書の添付を要する（登研438・96）。

② 　合資会社甲が、代表者を同じくする株式会社乙のために担保を提供し、抵当権設定登記の申請をする場合には、第三者の同意を証する書面として合資会社甲の無限責任社員のみの同意書を添付すれば足りる（登研417・105、〖先例47〗（252頁）参照）。

　　（筆者注1）　現行会社法の下では、抵当権設定者である合資会社甲の利益相反取引をしようとする業務を執行する社員以外の社員の過半数の承認を受けなければならない（会社595①）。

③ 　合資会社の社員が、第三者の債務につき、会社を代表して連帯保証契約を締結し、会社財産を担保に供する行為は、たとえその社員が第三者の債務負担につき代理人として関与した場合であっても、商法75条（現行会社法595条1項1号）にいう「取引」に当たらない（最判昭39・3・24集民72・619）。

④ 　合名会社の代表者であるAは銀行との間に当座貸越契約をし貸付を受けていたが、銀行、代表者A個人および合名会社の3者間で、合名会社が代表者A個人の貸越契約上の地位を承継する契約をするに当たり、代表者Aが合名会社を代表した場合、合名会社の同意があれば当該契約は会社に対して効力を生ずる（大判昭3・2・15新聞2819・5）。

〚先例47〛昭29・12・6民甲2535（過半数による承認）
　（筆者注2）　現行会社法施行前の先例である。現行の取り扱いについては、前掲（筆者注1）を参照。
［照会］
　合資会社において無限責任社員個人の債務につき会社が保証をなすには、他の無限責任社員の過半数の決議を必要とし、有限責任社員については別段決議を要せざるものと思考せられますところ、無限責任社員が1名のみの場合においては、有限責任社員の過半数の決議があれば有効に保証をなし得るものと解すべきでしょうか（参照、昭和8年（オ）第2432号、昭和9年6月15日大審院民事部判決、法曹会発行大審院民事判例集、第13巻（中）1473頁乃至1488頁所掲）。
　管下公証人から伺出の次第でもありますので、御垂示を仰ぎます。
［回答］
　照会のあった標記の件については、無限責任社員が1名のみの場合は有限責任社員の過半数の決議があれば有効に保証をなし得るものと考える。なお、無限責任社員が数人ある場合には、当該無限責任社員を除く他の社員（他の無限責任社員のほか、有限責任社員を含む）の過半数の決議を要するから、念のため申し添える。

5　承認を得ない取引の効力

　株式会社の場合と同じように、持分会社の場合も今日では相対的無効説が支配的とされる（注釈会社法(1)257頁〔本間輝雄〕）。相対的無効説の詳細については229頁(1)を参照。

6　利益相反取引と不動産登記の申請

　持分会社と社員との利益相反取引に係る不動産登記の申請については、基本的には株式会社の場合と同様であり228頁6を参照。

第9章
各種法人における利益相反行為

254

第9章　各種法人における利益相反行為

1　宗教法人
(1)　宗教法人の役員
（一）　責任役員・代表役員
（イ）　役員

宗教法人には、3人以上の責任役員を置き、そのうち1人を代表役員とする（宗教18①）。宗教法人法18条1項は「1人を代表役員とする」と定めているので、代表役員は1人に限られる。

代表役員は、宗教法人を代表し、その事務を総理する（宗教18③）。「事務」とは、「礼拝の施設その他の財産を所有し、これを維持運営し、その他宗教法人の目的達成のための業務および事業を運営するための宗教的事項以外の事項についての一切の行為」をいうとする判決がある（大阪高判昭53・9・14判タ371・89）。

責任役員は、規則で定めるところにより、宗教法人の事務を決定する（宗教18④）。

（ロ）　規則

宗教法人法でいう「規則」（宗教12①）とは、宗教法人の組織存在に関する規範である。その法人の内部関係を規律し、構成員を拘束するが、それら以外には拘束力を有しない。規則には、①宗教法人の組織存在に関する根本規則そのものを指す場合と、②これを記載した書面を指す場合とがある。宗教法人法12条1項の記載事項は、形式的意義の規則に記載されることが必要となる（逐条解説宗教法人法112頁）。

(二) 登記

　宗教法人の登記は、宗教法人法第7章（宗教52以下）の規定による。宗教法人の役員については、代表権を有する者の氏名、住所および資格が登記事項である（宗教52②六）。宗教法人法12条1項5号は、代表役員・責任役員等の呼称、資格等を規則で定めるものとしており、規則で住職、宗務総長、宮司等と定めていても、登記記録上、代表権を有する者の資格は「代表役員」として記録される。責任役員は登記事項ではない。

(2) **代表役員・責任役員の利益相反行為**

(一) 代表役員の利益相反行為と仮代表役員の選定

　代表役員は、宗教法人と利益が相反する事項については、代表権を有しない。この場合においては、規則で定めるところにより、仮代表役員を選ばなければならない（宗教21①）。宗教法人法12条1項5号は、規則で仮代表役員の任免に関する事項を定めるものとしている。例えば、規則で定めるところに従い責任役員会で仮代表役員を選ぶという場合がある（宗教法人の実務問答集114頁参照）。

　仮代表役員は、代表役員と宗教法人の利益が相反する事項について、当該代表役員に代わってその職務を行う（宗教21③）。選定された仮代表役員の権限は、選定の事由となった特定の利益相反事項に限られ、また、その事項についての代理行為を終了すると同時に仮代表役員の地位を失う（逐条解説宗教法人法175頁参照）。特定の利益相反事項のために選定された仮代表役員は、当該法人の代表役員の変更登記を申請する資格はない（昭30・9・9民甲1924参照、宗教63①）。なお、仮代表役員の不動産登記の申請権限については(4)（259頁）を参照。

　仮代表役員を選定しないで、代表役員が利益が相反する事項

の行為をしたときは、無権代理行為として処理される。この無権代理行為は、責任役員会その他規則で必要とされる議決機関の承認に基づいて、仮代表役員が追認すれば、当該利益が相反する事項は、契約の時に遡って効力を生じると解されている(民116、登研710・63)。

なお、利益が相反する事項となる場合に代表役員に代わる者の定めが規則に定められていないときの取り扱いにつき、宗教法人令(昭和20年勅令719号、昭和26年4月3日廃止)施行中の先例であるが、次のような先例がある。

〚先例48〛昭21・7・2民甲394(規則の補充)
[照会]
　宗教法人令第17条但書(筆者注1)の趣旨は宗教法人の「規則」の中に特別代理人の選任に関する別段の定がない場合には民法の規定に従って裁判所に選任を求めるのか、それとも「規則」に此の点を補充させ、その新規定に依って選任させるのかどちらでしょうか。
[回答]
　後段貴見の通りと思考致します。
(筆者注1)
　宗教法人令第17条但書＝「但シ民法第57条ノ規定ノ準用ニ依ル特別代理人ノ選任ハ規則ノ定ムル所ニ依ル」。
(筆者注2)
　民法57条は「法人ト理事トノ利益相反スル事項ニ付テハ理事ハ代理権ヲ有セス此場合ニ於テハ前条ノ規定ニ依リテ特別代理人ヲ選任スルコトヲ要ス」と定めていたが、平成18年法律50号により削除された。

(二)　責任役員の利益相反行為

　責任役員は、その責任役員と特別の利害関係がある事項(例えば、責任役員の親族が、宗教法人から借金をする場合)につ

いては、議決権を有しない。この場合において、規則に別段の定がなければ、議決権を有する責任役員の員数が責任役員の定数の過半数に満たないこととなったときは、規則で定めるところにより、その過半数に達するまでの員数以上の仮責任役員を選ばなければならない（宗教21②）。

　仮責任役員は、その責任役員と特別の利害関係がある事項について、規則で定めるところにより、当該責任役員に代わってその職務を行う（宗教21③）。仮責任役員は登記事項でない。

(3) 利益相反事項の例

　代表役員と宗教法人との利益が相反する事項の例を次に掲げる。

① 　宗教法人の代表役員が自己所有の不動産を当該宗教法人に無償譲渡する場合は、利益相反行為に該当しないから、仮代表役員を選定しないで、代表役員が当該行為およびそれに基づく登記申請をすることができる（〚先例49〛（259頁））。

② 　代表役員が所有する不動産を宗教法人に有償譲渡する場合、または代表役員が宗教法人が所有する不動産を買い受ける場合は利益が相反する事項となる（Q＆A宗教法人の管理運営49頁）。

③ 　代表役員が宗教法人から金銭の貸し付けを受ける場合は利益が相反する事項となる（Q＆A宗教法人の管理運営49頁）。

④ 　代表役員の債務を担保するために、宗教法人の不動産を担保に供する場合は利益が相反する事項となる（Q＆A宗教法人の管理運営49頁）。

⑤ 　代表役員が宗教法人の債務について連帯保証人となる場合、または代表役員が宗教法人に無利息無担保で金銭を貸し付ける場合は利益が相反する事項にならない（Q＆A宗教法人の管理運営49頁）。

〖**先例49**〗昭30・7・11民甲1464（無償譲渡は利益相反事項とならない）
［照会］
　宗教法人の代表役員が自己所有の不動産を当該宗教法人に無償譲渡する行為については宗教法人法第21条により仮代表役員の選任を必要とするが登記の申請手続については代表役員自らこれをすることが出来ると考えますが目下差掛った事件がありますので至急何分の御指示を御願い致します。
［回答］
　所問の無償譲渡の場合は、宗教法人法第21条の利益相反行為に該当しないから、仮代表役員の選任を要せず、代表役員は、当該行為及びその登記の申請をすることができるものと考える。

(4) 利益相反行為に係る不動産登記の申請人

(一) 仮代表役員による申請

　　代表役員は、宗教法人と利益が相反する事項については代表権を有しない。この場合においては、規則で定めるところにより、仮代表役員を選定しなければならない（宗教21①）。この仮代表役員は、当該利益相反事項について代表役員に代わってその職務を行う（宗教21③）。その主たる職務は、宗教法人を代表し、個人たる代表役員と法律行為を有効に成立させることにあると思われ、この事務の処理には宗教法人を代表し、この法律行為に基づいて対抗要件を備えるための登記（例えば、当該利益が相反する事項に係る所有権移転登記）を申請する権限も含まれるものと解して差し支えないとされている（〖**先例50**〗(260頁)参照、登研710・64、同609・145）。

　　仮代表役員が上記の登記の申請をする場合には、仮代表役員

が宗教法人の登記記録に記録されないことから、仮代表役員の資格を証する情報として、同役員を選任した責任役員会の議事録、規則の定めるところによって選任されたことを証するに足りるだけの書面（代表役員の印鑑証明書付き奥書証明書等）、あるいは仮代表役員である旨の代表役員の印鑑証明書付き証明書等を添付するのが相当である（登研710・64、農業協同組合の事案として〘先例51〙（261頁））。

(二) 代表役員による申請

代表役員と宗教法人との間の利益が相反する事項に係る法律行為が有効に成立して当該不動産の物権変動が生じていれば、これに係る登記申請行為自体には利益相反の問題を生ずることはないと考えられることから、利益が相反する事項の当事者である代表役員は、宗教法人を代表して、所有権移転登記の申請を行うことができる（〘先例50〙、〘先例20〙（69頁）参照）。

この場合には、申請に係る利益が相反する法律行為が仮代表役員によって有効になされたことを証するために、仮代表役員によってなされた登記原因を証する情報、前掲(一)の資格を証する情報等を提供する（〘先例20〙、〘先例23〙（73頁）、登研609・145参照）。

〘先例50〙 大10・6・22民事26301（利益相反行に係る不動産登記の申請人）

［照会］
左記事項疑義有之候条貴見承知致度此段及御問合候也
　　　　　　　　　　　記
産業組合ノ理事及監事ノ共有ニ係ル不動産ヲ担保トシ又ハ理事及監事ノ各所有ニ係ル不動産ヲ共同担保トスル抵当権ヲ取得シタル場合ニ於ケル抵当権設定契約並ニ之ニ基ク抵当権設定登記申請ハ何人ニ於テ

産業組合ヲ代表スヘキモノナルヤ
［回答］
　問合ノ件抵当権設定契約ニ付テハ組合ニ対スル契約ノ相手方タラサル他ノ監事ノ有無ニ拘ラス民法第57条ノ規定ニ準シ特別代理人ヲ選任シ組合ヲ代表セシムヘク其ノ契約ニ基キ為スヘキ登記ニ付テハ右特別代理人ニ於テ組合ヲ代表スルコトヲ得ルハ勿論理事ニ於テモ組合ヲ代表スルコトヲ得ル儀ト思考致候此段及回答候也

〚先例51〛 昭39・5・26民甲1904（農業協同組合の監事の資格証明書）
［照会］
　商業登記法の施行に伴う関係法令の整理等に関する法律による改正後の農業協同組合法第74条第2項第5号にいう「代表権を有する者」には、組合（農業協同組合及び農業協同組合連合会をいう。以下同じ。）の監事は含まれないと解されていますが、農業協同組合法第33条の規定（筆者注）により、監事が組合を代表して締結した不動産売買等の契約を登記原因として登記申請をする場合には、当該監事の資格証明書としていかなる書面を添付すればよろしいか。
［回答］
　監事である旨の理事の証明書及びその一部として、証明者たる理事の印鑑証明書を添付するのが相当と考えます。
　おって、監事が組合を代表するのは、契約の当事者となる理事以外に理事が存在しない場合であるので念のため申し添えます。
（筆者注）
　本件先例が発出された昭和39年5月26日当時の農業協同組合法33条は、「組合が理事と契約するときは、監事が、組合を代表する。組合と理事との訴訟についても、また同様とする。」と定めていたが、組合と理事との契約については、平成4年法律56号により、理事会の承認を要するように改められた。これに関する現行条文は次のとおりである。

農業協同組合法35条の2第2項「理事は、次に掲げる場合には、理事会（経営管理委員設置組合にあつては、経営管理委員会。第4項において同じ。）において、当該取引につき重要な事実を開示し、その承認を受けなければならない。
一　理事が自己又は第三者のために組合と取引をしようとするとき。
二　組合が理事の債務を保証することその他理事以外の者との間において組合と当該理事との利益が相反する取引をしようとするとき。」

2　医療法人
(1)　医療法人の機関

医療法人に設置すべき機関は、社団たる医療法人と財団たる医療法人の区別により次の表のようになる。

社団たる医療法人	一定の目的を持った社員の結合体（主に医療施設を開設することを目的とした人の集まり）に対して、法人格が付与されたもの。	
	社員総会、理事、理事会、監事を置かなければならない（医療46の2①）。	
財団たる医療法人	一定の目的（主に医療施設を開設）のために寄付された財産に対して、法人格が付与されたもの。	
	評議員、評議委員会、理事、理事会、監事を置かなければならない（医療46の2①）。	

(2)　理事・理事長
（一）　理事

医療法人（社団たる医療法人および財団たる医療法人。以下、

同じ。）には、役員として、理事3人以上および監事1人以上を置かなければならない。ただし、理事について、都道府県知事の認可を受けた場合は、1人または2人の理事を置けば足りる（一人医師医療法人）（医療46の5①）。社団たる医療法人の役員は社員総会の決議によって選任し、財団たる医療法人の役員は評議員会の決議によって選任する（医療46の5②③）。

(二) 理事長

① 医療法人（②の医療法人を除く。）の理事のうち1人は、理事長とし、理事会の決議により、医師または歯科医師である理事のうちから選出する。ただし、都道府県知事の認可を受けた場合は、医師または歯科医師でない理事のうちから選出することができる（医療46の6①・46の7②三）。

② 都道府県知事の認可を受けて1人の理事を置く医療法人にあっては、医療法第6章「医療法人」（医療法46条の6の2第3項（役員の員数が欠けた場合・一時役員の職務を行う者）を除く。）の規定の適用については、当該理事を理事長とみなす（医療46の6②）。

③ 理事長は、医療法人を代表し、医療法人の業務に関する一切の裁判上または裁判外の行為をする権限を有する（医療46の6の2①）。

(三) 登記

医療法人の登記は、組合等登記令および各種法人等登記規則の定めるところによる（組合登令1・別表、各種法人規1）。医療法人の役員の登記については、代表権を有する者の氏名、住所および資格を登記しなければならない。理事は登記されない（組合登令2②四）。医療法人において「代表権を有する者」は理事長であり（医療46の6の2①）、「理事長」の資格で登記することになる。

なお、都道府県知事の認可を受けて理事を1人しか置かない医療法人においては、当該理事を理事長の資格で登記する（医療46の6②）。

(3) 理事長の利益相反行為

（一）理事会の承認

平成28年9月1日改正医療法の施行により、理事と医療法人との利益相反取引についての特別代理人選任の都道府県知事の認可は不要となった。

医療法人の理事は、次に掲げる①または②の利益相反取引を行う場合には、理事会において、当該取引につき重要な事実を開示し、その承認を受けなければならない（医療46の6の4、一般法人84・197）。

① 理事が自己または第三者のために医療法人と取引をしようとするとき。

② 医療法人が理事の債務を保証することその他理事以外の者との間において医療法人と当該理事との利益が相反する取引をしようとするとき。

なお、民法108条（自己契約および双方代理の禁止）の規定は、理事会の承認を受けた前記①の取引については適用されない（医療46の6の4、一般法人84②・197）。

理事会の決議は、議決に加わることができる理事の過半数（これを上回る割合を定款で定めた場合にあっては、その割合以上）が出席し、その過半数（これを上回る割合を定款で定めた場合にあっては、その割合以上）をもって行う（医療46の7の2①、一般法人95①）。当該決議について特別の利害関係を有する理事は、議決に加わることができない（医療46の7の2①、一般法人95②）。

理事会議事録の作成については、医療法施行規則31条の5の4

の規定を参照。
  (二) 理事会の決議の省略
　　医療法人は、理事が理事会の決議の目的である事項について提案をした場合において、当該提案につき理事（当該事項について議決に加わることができるものに限る。）の全員が書面または電磁的記録により同意の意思表示をしたとき（監事が当該提案について異議を述べたときを除く。）は、当該提案を可決する旨の理事会の決議があったものとみなす旨を定款（財団たる医療法人にあっては、寄附行為）で定めることができる（医療46の7の2①、一般法人96）。

　　前記の提案に基づく理事会議事録の作成については、医療法施行規則31条の5の4の規定を参照。
(4) 利益相反行為に係る不動産登記の申請人
  (一) 申請人
　　医療法人と理事長との間の利益が相反する取引に係る法律行為が有効に成立して当該不動産の物権変動が生じていれば、これに係る登記申請行為自体には利益相反の問題を生ずることはないと考えられることから、利益が相反する取引の当事者である理事長は、医療法人を代表して、所有権移転登記の申請を行うことができる（〚先例50〛（260頁）、〚先例20〛（69頁）参照）。
  (二) 添付情報
　　理事長が、理事会の承認を受けた利益が相反する取引に係る所有権移転登記の申請をする場合には、登記原因証明情報等の原則的な添付情報のほかに、利益が相反する取引を承認した理事会の議事録を提供しなければならない（不登令7①五ハ）。

　　理事会の議事については、厚生労働省令（医療規31の5の4①②③）で定めるところにより、議事録を作成し、議事録が書面をもっ

て作成されているときは、出席した理事（定款で議事録に署名し、または記名押印しなければならない者を当該理事会に出席した理事長とする旨の定めがある場合にあっては、当該理事長）および監事は、これに署名し、または記名押印しなければならない（医療46の7の2①、一般法人95③）。定款で、理事会議事録の記名押印者を出席理事長とした場合には、この定めを証するために、定款または寄附行為も添付しなければならない（法登規5、商登規61①、医療令5の5の9）。

　利益が相反する取引を承認した理事会議事録に理事長の記名押印がある場合には理事長についての登記所届出印を、他の理事および監事については市町村長もしくは区長・総合区長が証明した印鑑証明書を提供する。また、理事等の資格を証するために、理事長の記名押印がある場合には会社法人等番号（または全部事項証明書）を、他の理事および監事については、所轄都道府県知事の証明に係る理事および監事であることの証明書を提供しなければならない（平3・8・19民三4436・二、平27・10・23民二512・2(4)イ、〖先例34〗(176頁) 参照）。

　定款で、理事会議事録の記名押印者を理事会に出席した理事長および監事と定める医療法人が、その法人の理事長と利益が相反する取引に該当する登記申請をする場合には、①利益が相反する取引を承認した理事会議事録、②記名押印者を定めた定款（理事長の届出印による証明）、③理事会議事録に理事長の届出印の押印をし、資格証明情報として会社法人等番号、④監事についての資格証明情報として所轄庁の証明書か監事の選任議事録の提供を要するという見解がある（司法書士愛知会報No. 218・18頁）。

(役員名簿の証明願例)

平成　年　月　日

○○県知事　殿

　　　　　　　　　（申請者）所在地
　　　　　　　　　　　　　　法人名
　　　　　　　　　　　　　　理事長　　　　　　　㊞

　　　　　　　　証　明　願

　このたび、当法人理事長所有の不動産を当法人が買い受けるにつき、当該取引が医療法人と理事との利益相反取引に該当し、医療法第46条の6の4において、準用する一般社団法人及び一般財団法人に関する法律第84条に規定する理事会の承認を要することになります。さらに、所有権移転登記申請には、利益相反取引を承認した理事会議事録を提供することになり、当該議事録に記名押印した理事及び監事につきまして、所管庁の証明が必要となりますので、つぎのとおり証明願います。

医療法人　　　役員名簿

区　分	氏　　名	住　　　所	就任年月日
理事長			
理事			
理事			
理事			
理事			
監事			

　上記のとおり医療法人　　　　　　の理事及び監事につき、届出されていることを証明します。

　平成　年　月　日

　　　　　　　　　　○○県知事　　　○○○○

3 学校法人
(1) 所轄庁

本項でいう「学校法人」は、私立学校法で定めるものをいう。[*1]
私立学校法において、「私立学校」とは、学校法人の設置する学校をいい（私学2③）、「学校法人」とは、私立学校の設置を目的として、私立学校法の定めるところにより設立される法人をいう（私学3）。

私立学校法でいう「所轄庁」とは、次の表の区分に従い、文部科学大臣または都道府県知事とされる（私学4）。

	私立学校の種類区分	所轄庁
①	私立大学および私立高等専門学校	文部科学大臣
②	①に掲げる私立学校以外の私立学校ならびに私立専修学校および私立各種学校	都道府県知事 ただし、地方自治法252条の19第1項の指定都市または同法252条の22第1項の中核市の区域内の幼保連携型認定こども園にあっては、当該指定都市等の長
③	①に掲げる私立学校を設置する学校法人	文部科学大臣
④	②に掲げる私立学校を設置する学校法人および私立学校法64条4項（私立専修学校・私立各種学校）の法人	都道府県知事

⑤	①に掲げる私立学校と②に掲げる私立学校、私立専修学校または私立各種学校とを併せて設置する学校法人	文部科学大臣

*1 私立学校法の適用対象とならない例として、国立大学法人は独立行政法人の一形態であり、「国立大学法人法」の適用を受ける。

(2) 学校法人の役員

(一) 理事・理事長

(イ) 理事

学校法人には、役員として、理事5人以上および監事2人以上を置かなければならない(私学35①)。理事(理事長を除く。)は、寄附行為の定めるところにより、学校法人を代表し、理事長を補佐して学校法人の業務を掌理し、理事長に事故があるときはその職務を代理し、理事長が欠けたときはその職務を行う(私学37②、(二)(ロ)参照)。

(ロ) 理事長

理事のうち1人は、寄附行為の定めるところにより、理事長となる。理事長は、学校法人を代表し、その業務を総理する(私学35②・37①)。

(二) 登記

(イ) 理事長の登記

学校法人の登記は、組合等登記令の定めによる(組合登令1・別表)。学校法人の役員の登記については、代表権を有する者の氏名、住所および資格を登記しなければならない(組合登令2②四)。(ロ)の場合を除き、理事は登記されない(組合登令2②四)。学校法人において「代表権を有する者」は理事長であり(私学37①)、「理事長」の資格で登記する(平17・3・3民商496)。

登記記録例は次のとおりである（平17・3・3民商496）。
1　理事長の登記
　　役員区

| 役員に関する事項 | 東京都大田区東蒲田二丁目5番1号
理事長　　　甲　野　太　郎 |

(ロ)　代表権の範囲・制限に関する定めの登記

　寄附行為の定めるところにより、理事（理事長を除く。）が学校法人を代表する旨を設けたときは（私学37②）、「代表権の範囲又は制限に関する定めがあるときは、その定め」を登記しなければならない（組合登令2②六・別表）。この場合には、当該理事の代表権の範囲または制限に関する定め、および氏名、住所および資格を登記することになる（組合登令2②四）。

　この場合の登記記録例は次のとおりである（平17・3・3民商496）。

2　代表権の範囲または制限に関する定めの登記
　　役員区

| 役員に関する事項 | 東京都渋谷区代官山町2番地
理事　　　　乙　野　次　郎 |
| | 代表権の範囲
理事乙野次郎は何県何市何町何番地の従たる事務所の業務についてのみこの法人を代表する |

　（筆者注）　(イ)の1の理事長の登記とは別に、この登記がされる。

(3) 理事長の利益相反行為

　学校法人と理事との利益が相反する事項については、理事は、代理権を有しない。この場合において、所轄庁は、利害関係人の請求によりまたは職権で、特別代理人を選任しなければならない（私学40の5）。この所轄庁は、(1)の表の区分に従い、文部科学大臣または都道府県知事である（私学4）。

　なお、(2)(二)(ロ)で記述した代表権の範囲・制限に関する定めの登記がある場合に、その登記された理事が利益が相反する事項の当事者でないときは、その範囲・制限内において、理事長に代わって学校法人を代表できる（私学37②）（〖先例52〗）。

〖先例52〗昭36・10・4民甲2318（学校法人と理事の利益相反行為）
［照会］
　理事5名（各理事が代表権を有する）の存在する学校法人が当該理事（1名）個人の債務のため、物上保証契約をなし、抵当権設定契約をした場合、その取扱方に左記2説あり、イ説によるべきものと思われますが、反対説もあり、決しかねますので、何分の御指示を得たくお伺いいたします。
　　　　　　　　　　　　　記
イ説
　　私立学校法第49条準用規定により、民法第57条が適用されるので、理事全員が代表権を失う。
ロ説
　　利益相反する理事以外の理事は、代表権を失わない。
［回答］
　ロ説により取り扱うのが相当であると考える。
（筆者注）
①　現行私立学校法では、原則として理事長のみが学校法人を代表す

る。ただし、理事は、寄附行為の定めるところにより、学校法人を代表することができる（私学37①②）。
② 照会事項中の私立学校法第49条準用規定は、平成18年法律50号によって削除された。

(4) 利益相反事項の例

学校法人とその理事長との利益が相反する事項の例は、基本的に株式会社と取締役の場合または宗教法人と代表役員の場合と同じである。

(5) 利益相反行為に係る不動産登記の申請人

（一）特別代理人による申請

利益が相反する事項に係る不動産登記（例：学校法人・理事長間の売買による所有権移転登記）の申請は、私立学校法40条の5および4条の規定に基づき文部科学大臣または都道府県知事が選任した特別代理人から申請することができる（〖先例50〗(260頁)、〖先例20〗(69頁)参照）。

この場合においては、私立学校法40条の5および4条の規定に基づき文部科学大臣または都道府県知事が特別代理人を選任したことを証する情報を提供しなければならない（不登令7①二）。

（二）理事長による申請

学校法人と理事長との間の利益が相反する事項に係る法律行為が有効に成立して当該不動産の物権変動が生じていれば、これに係る登記申請行為自体には利益相反の問題を生ずることはないと考えられることから、利益が相反する事項の当事者である理事長は、学校法人を代表して、所有権移転登記の申請を行うことができる（〖先例50〗、〖先例20〗参照）。

この場合には、申請に係る利益が相反する法律行為が特別代理人によって有効になされたことを証するために、特別代理人

によってなされた登記原因を証する情報、前掲(一)の資格を証する情報等を提供する(〚先例20〛(69頁)、〚先例23〛(73頁)、登研609・145参照)。

4 社会福祉法人
(1) 所轄庁

社会福祉法において「社会福祉法人」とは、社会福祉事業(社福2)を行うことを目的として、社会福祉法の定めるところにより設立された法人をいう(社福22)。

社会福祉法人の所轄庁は、次の区分による(社福30)。

	区　　分	所轄庁
(イ)	(イ)の①②および(ロ)以外の場合。	主たる事務所の所在地の都道府県知事
	① 主たる事務所が市の区域内にある社会福祉法人(②に掲げる社会福祉法人を除く。)であってその行う事業が当該市の区域を越えないもの。	市長(特別区の区長を含む。)
	② 主たる事務所が指定都市(地方自治法252条の19第1項の指定都市をいう(社福7①)。)＊の区域内にある社会福祉法人であってその行う事業が1の都道府県の区域内において2以上の市町村の区域にわたるものおよび社会福祉法109条2項に規定する地区社会福祉協議会である社会福	指定都市の長

	祉法人。	
(ロ)	社会福祉法人でその行う事業が2以上の地方厚生局の管轄区域にわたるもので次に掲げるもの。 ① 全国を単位として行われる事業 ② 地域を限定しないで行われる事業 ③ 法令の規定に基づき指定を受けて行われる事業 ④ ①から③までに類する事業	厚生労働大臣

* 指定都市＝政令（地方自治法第252条の19第1項の指定都市の指定に関する政令）で指定する人口50万人以上の市をいう。次の市が該当する。
　大阪市、名古屋市、京都市、横浜市、神戸市、北九州市、札幌市、川崎市、福岡市、広島市、仙台市、千葉市、さいたま市、静岡市、堺市、新潟市、浜松市、岡山市、相模原市、熊本市

(2) 社会福祉法人の機関

(一) 機関

　社会福祉法人には、評議員、評議員会、理事、理事会および監事を置かなければならない。また、定款の定めによって、会計監査人を置くことができる。ただし、特定社会福祉法人（その事業の規模が政令（社福令13の3）で定める基準を超える社会福祉法人をいう。）は、会計監査人を置かなければならない（社福36・37）。

　理事は6人以上、監事は2人以上でなければならない（社福44③）。

(二) 理事長

　理事会は、理事の中から理事長1人を選定しなければならない（社福45の13③）。理事長は、社会福祉法人の業務を執行する（社福45の16②一）。理事長は、社会福祉法人の業務に関する一切の

裁判上または裁判外の行為をする権限を有する。理事長の権限に加えた制限は、善意の第三者に対抗することができない（社福45の17①②）。

(三) 登記

社会福祉法人の登記は、組合等登記令および各種法人等登記規則の定めるところによる（組合登令1・別表、法登規1）。社会福祉法人については、代表権を有する者の氏名、住所および資格を登記しなければならない（組合登令2②四）。

「代表権を有する者」とは、法律上代表権限を与えられている者を意味するものであり（登研691・201）、社会福祉法人の場合は、理事長が代表権を有する（社福45の17①）ので、理事長を登記することになる。

(3) **理事の利益相反行為**

(一) 理事会の承認

社会福祉法人の理事は、次に掲げる①または②の利益相反取引を行う場合には、理事会において、当該取引につき重要な事実を開示し、その承認を受けなければならない（社福45の16④、一般法人84）。

① 理事が自己または第三者のために社会福祉法人と取引をしようとするとき。

② 社会福祉法人が理事の債務を保証することその他理事以外の者との間において社会福祉法人と当該理事との利益が相反する取引をしようとするとき。

なお、民法108条（自己契約および双方代理の禁止）の規定は、理事会の承認を受けた前記①の取引については適用されない（社福45の16④、一般法人84②）。

理事会の決議は、議決に加わることができる理事の過半数（これを上回る割合を定款で定めた場合にあっては、その割合以上）

が出席し、その過半数（これを上回る割合を定款で定めた場合にあっては、その割合以上）をもって行う（社福45の14④）。当該決議について特別の利害関係を有する理事は、議決に加わることができない（社福45の14⑤）。

　理事会議事録の作成については、社会福祉法施行規則2条の17の規定を参照。
（二）　理事会の決議の省略
　社会福祉法人は、理事が理事会の決議の目的である事項について提案をした場合において、当該提案につき理事（当該事項について議決に加わることができるものに限る。）の全員が書面または電磁的記録により同意の意思表示をしたとき（監事が当該提案について異議を述べたときを除く。）は、当該提案を可決する旨の理事会の決議があったものとみなす旨を定款で定めることができる（社福45の14⑨、一般法人96）。

　前記の提案に基づく理事会議事録の作成については、社会福祉法施行規則2条の17の規定を参照。

(4)　利益相反事項の例
　社会福祉法人とその理事との利益が相反する事項の例は、基本的に株式会社と取締役の場合または宗教法人と代表役員の場合と同じである。

(5)　利益相反行為に係る不動産登記の申請人
（一）　申請人
　社会福祉法人と理事との間の利益が相反する事項に係る法律行為が有効に成立して当該不動産の物権変動が生じていれば、これに係る登記申請行為自体には利益相反の問題を生ずることはないと考えられることから、利益が相反する事項の当事者である理事は、社会福祉法人を代表して、所有権移転登記の申請

を行うことができる（〚先例50〛（260頁）、〚先例20〛（69頁）参照）。
(二)　添付情報

　理事長が、理事会の承認を受けた利益が相反する取引に係る所有権移転登記の申請をする場合には、登記原因証明情報等の原則的な添付情報のほかに、利益が相反する取引を承認した理事会の議事録を提供しなければならない（不登令7①五ハ）。

　理事会の議事については、厚生労働省令（社福規2の17）で定めるところにより、議事録を作成し、議事録が書面をもって作成されているときは、出席した理事（定款で議事録に署名し、または記名押印しなければならない者を当該理事会に出席した理事長とする旨の定めがある場合にあっては、当該理事長）および監事は、これに署名し、または記名押印しなければならない（社福45の14⑥）。定款で、理事会議事録の記名押印者を出席理事長とした場合には、この定めを証するために、定款も添付しなければならない（法登規5、商登規61①）。

　利益相反取引を承認した理事会議事録に理事長の記名押印がある場合には理事長についての登記所届出印を、他の理事および監事については市町村長もしくは区長・総合区長が証明した印鑑証明書を提供する。また、理事等の資格を証するために、理事長の記名押印がある場合には会社法人等番号（または全部事項証明書）を、他の理事および監事については、所轄庁の証明に係る理事および監事であることの証明書を提供しなければならない（平3・8・19民三4436・二、平27・10・23民二512・2(4)イ、〚先例34〛（176頁）参照）。この証明書の例としては、267頁（役員名簿の証明願例）参照（社会福祉法人の場合には、前掲（役員名簿の証明願例）中、「医療法第46条の6の4」とあるのを「社会福祉法第45条の16」と書き換える。）。

5　一般社団法人・一般財団法人

(1)　民法の法人規定の改正

　　民法第3章「法人」についての規定が、平成18年法律50号（平成20年12月1日施行）により改正された。改正後は、民法には各種法人の一般原則を規定するにとどめ、非営利の法人に関する規定は「一般社団法人及び一般財団法人に関する法律」（以下「法人法」という。）に置かれることになった。営利法人は「会社法」が規定する。

　　一般社団法人・一般財団法人とは、社員・設立者に剰余金または残余財産の分配を受ける権利を与えない社団または財団であって、法人法の規定によって設立された法人をいう（一般法人1・11②・153③二）。なお、「公益社団法人及び公益財団法人の認定等に関する法律」の規定に基づき、公益目的事業（公益法人2四）を行う一般社団法人で行政庁の公益認定を受けたものを公益社団法人といい、一般財団法人で公益認定を受けたものを公益財団法人という（公益法人2一・二・4）。

(2)　一般社団法人の機関・役員・登記

（一）　機関

　　一般社団法人の機関は、次の表のとおりである。

必ず置かなければならない機関	定款で置くことができる機関
①　社員総会 ②　理事	①　理事会（理事会設置一般社団法人）〜監事を置かなければならない ②　監事 ③　会計監査人（会計監査人設置一般社団法人）〜監事

	を置かなければならない
一般法人35①・60①・65③	一般法人60②・61

(備考)　①　大規模一般社団法人は、会計監査人を置かなければならない（一般法人62）。

　　　　②　大規模一般社団法人とは、最終事業年度（各事業年度に係る法人法123条2項に規定する計算書類につき法人法126条2項の承認（法人法127条前段に規定する場合にあっては、法人法124条3項の承認）を受けた場合における当該各事業年度のうち最も遅いものをいう。）に係る貸借対照表（法人法127条前段に規定する場合にあっては、同条の規定により定時社員総会に報告された貸借対照表をいい、一般社団法人の成立後最初の定時社員総会までの間においては、法人法123条1項の貸借対照表をいう。）の負債の部に計上した額の合計額が200億円以上である一般社団法人をいう（一般法人2二）。

(二)　理事・代表理事

　(イ)　理事

　　理事会を設置しない一般社団法人には、1人または2人以上の理事を置かなければならない（一般法人60①）。理事会設置一般社団法人においては、理事は、3人以上でなければならない（一般法人65③）。

　(ロ)　代表理事

　　理事は、一般社団法人を代表する。理事が2人以上ある場合には、理事は、各自、一般社団法人を代表する。ただし、他に代表理事その他一般社団法人を代表する者を定めた場合は、理事は代表権を失う（一般法人77①②）。

理事会を設置しない一般社団法人は、定款、定款の定めに基づく理事の互選または社員総会の決議によって、理事の中から代表理事を定めることができる（一般法人77③）。理事会設置一般社団法人の場合は、理事会で、理事の中から代表理事を選定しなければならない（一般法人90③）。

代表理事は、一般社団法人の業務に関する一切の裁判上または裁判外の行為をする権限を有する。この権限に加えた制限は、善意の第三者に対抗することができない（一般法人77④⑤）。

(三) 登記

一般社団法人にあっては、①理事の氏名、②代表理事の氏名および住所を登記しなければならない（一般法人301②五・六。他の登記事項は同条2項および一般社団法人等登記規則別表第一を参照）。

(3) 一般社団法人の理事の利益相反取引

(一) 承認機関

一般社団法人の理事が当該一般社団法人と、次の①または②の取引をしようとするときは、当該取引につき重要な事実を開示し、次頁の＜承認機関・決議方法＞の表に掲げた承認機関の承認を受けなければならない（一般法人84①二・三・92①）。

利益相反取引	① 理事が自己または第三者のために一般社団法人と取引をしようとするとき。	直接取引
	② 一般社団法人が理事の債務を保証することその他理事以外の者との間において一般社団法人と当該理事との利益が相反する取引をしようとするとき。	間接取引

第9章 各種法人における利益相反行為

　以下においては、法人法84条1項2号および3号の利益相反取引について記述する。

（備考）　承認機関により承認を受けた①の取引については、自己契約・双方代理を禁止する民法108条の規定は適用されない（一般法人84②）。
　　　　　理事会設置一般社団法人においては、前掲表の①または②の取引をした理事は、当該取引後、遅滞なく、当該取引についての重要な事実を理事会に報告しなければならない（一般法人92②）。

＜承認機関・決議方法＞

理事会の有無	承認機関	承認機関の決議方法
理事会を設置しない一般社団法人	社員総会（一般法人84①）	社員総会の決議は、定款に別段の定めがある場合を除き、総社員の議決権の過半数を有する社員が出席し、出席した当該社員の議決権の過半数をもって行う（一般法人49①）。
理事会設置一般社団法人	理事会（一般法人92①・84①）	①　理事会の決議は、議決に加わることができる理事の過半数（これを上回る割合を定款で定めた場合にあっては、その割合以上）が出席し、その過半数（これを上回る割合を定款で定めた場合にあっては、その割合以上）をもって行う（一般法人95①）。 ②　①の決議について特別の利害関

	係を有する理事は、議決に加わることができない（一般法人95②）。
理事全員の同意によるみなし決議（一般法人96）	理事が理事会の決議の目的である事項について提案をした場合において、当該提案につき理事（当該事項について議決に加わることができるものに限る。）の全員が書面または電磁的記録により同意の意思表示をしたとき（監事が当該提案について異議を述べたときを除く。）は、当該提案を可決する旨の理事会の決議があったものとみなす旨を定款で定めることができる（一般法人96）。

（二）　利益相反取引の例

　一般社団法人とその理事との利益が相反する事項の例は、基本的に株式会社と取締役の場合または宗教法人と代表役員の場合と同じである。したがって、理事が一般社団法人に自己の所有財産を売却すること、または理事が一般社団法人から借入れをすることは利益相反取引となる。

　次の場合は、利益相反取引にならない（公益社団法人等の機関と運営414頁）。

① 　理事が一般社団法人に対してする負担のない贈与
② 　理事が無利息無担保で一般社団法人に対してする金銭の貸付け
③ 　社員全員の同意がある理事と一般社団法人間の取引

（三）　利益相反行為に係る不動産登記の申請人

　一般社団法人と理事との間の利益相反取引に係る法律行為が、社員総会または理事会の承認を得て有効に成立し当該不動産の物権変動が生じていれば、これに係る登記申請行為自体には利益相反の問題を生ずることはないと考えられることから、利益相反取引の当事者である理事は、一般社団法人を代表して、所有権移転登記の申請を行うことができる（〚先例50〛（260頁）、〚先例20〛（69頁）参照）。

　この場合には、承認機関の区別（280頁(一)の＜承認機関・決議方法＞の表）に従い、社員総会議事録または理事会議事録を「登記原因について第三者の許可、同意又は承諾を要するときは、当該第三者が許可し、同意し、又は承諾したことを証する情報」として提供しなければならない（不登令7①五ハ）。

　この第三者が承諾したことを証する情報には、法務省令（不登規50①）で定める場合（173頁①＊1）を除き、作成者が記名押印しなければならない。この情報には、官庁または公署の作成に係る場合その他法務省令（不登規50②）で定める場合（174頁③＊2）を除き、作成者の印鑑証明書を添付しなければならない（不登令19）。また、記名押印者の資格証明情報（登記事項証明書等）も添付する（登研535・175）。

　なお、社員総会議事録の作成方式については一般社団法人及び一般財団法人に関する法律施行規則11条、理事会議事録については同規則15条に規定がある。

(4)　一般財団法人の機関・役員・登記

（一）　機関

　一般財団法人の機関は、次の表のとおりである。

必ず置かなければならない機関	定款で置くことができる機関
① 評議員 ② 評議員会 ③ 理事 ④ 理事会 ⑤ 監事	① 会計監査人
一般法人170①	一般法人170②

(備考) 大規模一般財団法人（一般法人2三）は、会計監査人を置かなければならない（一般法人171）。

(二) 理事・代表理事

(イ) 理事

一般財団法人においては、理事は、3人以上でなければならない（一般法人177・65③）。

(ロ) 代表理事

理事会は、理事の中から代表理事を選定しなければならない（一般法人197・90③）。代表理事の員数は、複数でもよい。

代表理事は、一般財団法人の業務に関する一切の裁判上または裁判外の行為をする権限を有する。この権限に加えた制限は、善意の第三者に対抗することができない（一般法人197・77④⑤）。

(三) 登記

一般財団法人にあっては、①評議員、理事、監事の氏名、②代表理事の氏名および住所を登記しなければならない（一般法人302②五・六。他の登記事項は同条2項および一般社団法人等登

記規則別表第二を参照)。

(5) 一般財団法人の理事の利益相反取引

(一) 承認機関

　一般財団法人の理事が当該一般財団法人と、次の①または②の取引をしようとするときは、当該取引につき重要な事実を開示し、＜承認機関・決議方法＞の表に掲げた承認機関の承認を受けなければならない（一般法人197・84①二・三・92①）。

利益相反取引	① 理事が自己または第三者のために一般財団法人と取引をしようとするとき。	直接取引
	② 一般財団法人が理事の債務を保証することその他理事以外の者との間において一般財団法人と当該理事との利益が相反する取引をしようとするとき。	間接取引

（備考）　承認機関により承認を受けた①の取引については、自己契約・双方代理を禁止する民法108条の規定は適用されない（一般法人197・84②）。

　一般財団法人においては、前掲表の①または②の取引をした理事は、当該取引後、遅滞なく、当該取引についての重要な事実を理事会に報告しなければならない（一般法人197・92②）。

＜承認機関・決議方法＞

承認機関	承認機関の決議方法
理事会 （一般法人197・84	① 理事会の決議は、議決に加わることができる理事の過半数（これを上回る割合

①)	を定款で定めた場合にあっては、その割合以上）が出席し、その過半数（これを上回る割合を定款で定めた場合にあっては、その割合以上）をもって行う（一般法人197・95①）。 ② ①の決議について特別の利害関係を有する理事は、議決に加わることができない（一般法人197・95②）。
理事全員の同意によるみなし決議 （一般法人197・96）	理事が理事会の決議の目的である事項について提案をした場合において、当該提案につき理事（当該事項について議決に加わることができるものに限る。）の全員が書面または電磁的記録により同意の意思表示をしたとき（監事が当該提案について異議を述べたときを除く。）は、当該提案を可決する旨の理事会の決議があったものとみなす旨を定款で定めることができる（一般法人197・96）。

（二）　利益相反取引の例

　　一般財団法人における利益相反取引の例は、一般社団法人の場合と異ならない。282頁(二)を参照。

（三）　利益相反行為に係る不動産登記の申請人

　　一般財団法人における利益相反行為に係る不動産登記の申請人は、一般社団法人の場合と異ならない。283頁(三)を参照。

6　特定非営利活動法人
(1)　所轄庁

　　特定非営利活動促進法の規定に従い、特定非営利活動を行うことを主たる目的として設立された法人を特定非営利活動法人という（非営利2②）。「NPO（NonProfit Organization）法人」とも呼ばれる。

　　特定非営利活動法人の所轄庁は、①その主たる事務所が所在する都道府県の知事である。ただし、②その事務所が一の指定都市（地方自治法252条の19第1項の指定都市）の区域内のみに所在する特定非営利活動法人にあっては、当該指定都市の長である（非営利9）。

(2)　特定非営利活動法人の役員
（一）　理事

　　特定非営利活動法人には、役員として、理事3人以上および監事1人以上を置かなければならない（非営利15）。

　　理事は、すべて特定非営利活動法人の業務について、特定非営利活動法人を代表する。ただし、定款をもって、その代表権を制限することができる（非営利16）。

（二）　登記

　　特定非営利活動法人に関する登記については、他の法令に別段の定めがある場合を除くほか、組合等登記令による（組合登令1・別表参照）。

　　特定非営利活動法人においては、理事はすべて特定非営利活動法人の業務について特定非営利活動法人を代表する（非営利16①本文）。役員の登記は、組合等登記令2条2項4号にいう代表権を有する者として理事全員の氏名、住所および資格を登記しなければならないが、理事の代表権の範囲または制限に関する定めがあるときは、その定めは登記事項とされるので（組合等

登記令2条2項6号で規定する別表参照)、定款の定めにより、理事および代表理事を登記する場合または代表理事のみを登記する場合等がある(平24・2・3民商298)。

(3) **理事の利益相反行為**

特定非営利活動法人と理事との利益が相反する事項については、理事は、代表権を有しない。この場合においては、所轄庁(287頁(1))は、利害関係人の請求によりまたは職権で、特別代理人を選任しなければならない(非営利17の4)。

(4) **利益相反行為の例**

理事が、理事個人の財産を法人に売却する契約を、一面で法人を代表し、他方で契約の相手方にもなることは利益相反行為になる(NPO法コンメンタール159頁)。特定非営利活動法人と理事との間の利益相反行為については、基本的に、株式会社と取締役、宗教法人と代表役員の場合と同じである。

(5) **利益相反行為に係る不動産登記の申請人**

(一) 特別代理人による申請

利益が相反する事項に係る不動産登記(例:特定非営利活動法人・理事間の売買による所有権移転登記)の申請は、特定非営利活動促進法17条の4の規定に基づき所轄庁が選任した特別代理人から申請することができる(〚先例50〛(260頁)参照、〚先例20〛(69頁)参照)。

この場合においては、特定非営利活動促進法17条の4の規定に基づき所轄庁が特別代理人を選任したことを証する情報を提供しなければならない(不登令7①二)。

(二) 理事による申請

特定非営利活動法人と理事との間の利益が相反する事項に係る法律行為が有効に成立して当該不動産の物権変動が生じてい

れば、これに係る登記申請行為自体には利益相反の問題を生ずることはないと考えられることから、利益が相反する事項の当事者である理事は、特定非営利活動法人を代表して、所有権移転登記の申請を行うことができる（〚先例50〛(260頁)、〚先例20〛(69頁) 参照)。

　この場合には、申請に係る利益が相反する法律行為が特別代理人によって有効になされたことを証するために、特別代理人によってなされた登記原因を証する情報、前掲(一)の資格を証する情報等を提供する（〚先例20〛、〚先例23〛(73頁)、登研609・145参照)。

7　中小企業等協同組合

(1)　中小企業等協同組合の種類

　中小企業等協同組合法で定める中小企業等協同組合（以下「組合」という。）は、次に掲げるものである（中小組合3)。

① 事業協同組合
② 事業協同小組合
③ 信用協同組合
④ 協同組合連合会
⑤ 企業組合

(2)　組合の役員

(一)　理事・代表理事

　組合には、理事3人以上、監事1人以上を置かなければならない（中小組合35①②)。

　組合を代表する理事（代表理事）は、理事会で理事の中から選定する。代表理事は、組合の業務に関する一切の裁判上また

は裁判外の行為をする権限を有する。この権限に加えた制限は、善意の第三者に対抗することができない（中小組合36の8①〜③）。

（二） 登記

組合の役員については、中小企業等協同組合法の規定に基づき、「代表権を有する者の氏名、住所及び資格」を登記しなければならない（中小組合84②七）。代表理事を登記することになる。理事は登記されない。

(3) 利益相反取引

（一） 利益相反取引となる取引

理事は、次の①または②の場合には、理事会において、当該取引につき重要な事実を開示し、その承認を受けなければならない（中小組合38①）。

① 理事が自己または第三者のために組合と取引をしようとするとき。
② 組合が理事の債務を保証することその他理事以外の者との間において組合と当該理事との利益が相反する取引をしようとするとき。

利益相反の有無の認定に当たっては、法文に掲げられている行為に限らず、理事の裁量によって組合に不利益を及ぼすおそれのあるすべての財産上の法律行為が含まれる。有償行為のみに限られず、組合に対する理事の債務を免除するような単独行為も含まれる（中小企業等協同組合法逐条解説169頁）。

民法108条の自己契約および双方代理の規定は、上記の理事会の承認を受けた上記①の取引については、適用されない（中

小組合38②）。上記①または②の取引をした理事は、当該取引後、遅滞なく、当該取引についての重要な事実を理事会に報告しなければならない（中小組合38③）。

（二） 利益相反取引の例

組合と理事との利益相反行為に関する例を次に掲げる。

① 中小企業等協同組合法に基づく協同組合と株式会社間に取引がされた場合において、その組合の代表理事が当該会社の代表取締役を兼ねているときには、前記取引について中小企業等協同組合法38条の規定が準用されると解すべきである（最判昭39・8・28民集18・7・1366）。

　　（筆者注）　本件判決当時（1審判決は昭和33年）の中小企業等協同組合法38条は、「理事は、理事会の承認を受けた場合に限り、組合と契約することができる。この場合は、民法（明治29年法律第89号）第108条（自己契約）の規定を適用しない。」と規定されていた。現行中小企業等協同組合法の規定では38条1項1号・2項に相当する。

② 理事が別の組合の代表者として組合と取引する場合も、①の場合と同様である（解説中小企業協同組合法367頁）。

③ 理事が所有する不動産を組合に売却するときは、利益相反取引になる（中小企業等協同組合法逐条解説169頁）。

④ 理事の債務を担保するために組合所有の不動産に担保権を設定する行為は、利益相反取引になる（中小企業等協同組合法逐条解説169頁）。

⑤ 理事から組合に対する負担のない贈与、または火災共済契約等のような定型的な約款による取引の場合（理事の個人的利益を図る余地がないようなもの）は、株式会社と取締役との利益相反取引のところで記述したのと同様で、利益相反取

引にならない（129頁(3)参照）。
- (三) 理事会の決議等
  - (イ) 決議方法

    理事会の決議は、議決に加わることができる理事の過半数（これを上回る割合を定款または規約で定めた場合にあっては、その割合以上）が出席し、その過半数（これを上回る割合を定款または規約で定めた場合にあっては、その割合以上）をもって行う（中小組合36の6①）。決議について特別の利害関係を有する理事は、議決に加わることができない（中小組合36の6②）。

  - (ロ) 理事全員の同意によるみなし決議

    組合は、理事が理事会の決議の目的である事項について提案をした場合において、当該提案につき理事（当該事項について議決に加わることができるものに限る。）の全員が書面または電磁的記録により同意の意思表示をしたとき（監査権限限定組合以外の組合にあっては、監事が当該提案について異議を述べたときを除く。）は、当該提案を可決する旨の理事会の決議があったものとみなす旨を定款で定めることができる（中小組合36の6④）。

  - (ハ) 議事録

    理事会の議事については、主務省令で定めるところにより、議事録を作成し、議事録が書面をもって作成されているときは、出席した理事および監事は、これに署名し、または記名押印しなければならない（中小組合36の7①）。理事会の議事録が電磁的記録をもって作成されている場合における当該電磁的記録に記録された事項については、主務省令（中小企業等協同組合法施行規則67）で定める署名または記名押印に代わる措

置（電子署名）をとらなければならない（中小組合36の7②）。

なお、理事会議事録の作成については、中小企業等協同組合法施行規則66条を参照。

(4) 利益相反行為に係る不動産登記の申請人

組合と理事との間の利益相反取引に係る法律行為が理事会の承認を得て有効に成立して当該不動産の物権変動が生じていれば、これに係る登記申請行為自体には利益相反の問題を生ずることはないと考えられることから、利益が相反する事項の当事者である理事は、組合を代表して、所有権移転登記の申請を行うことができる（〖先例50〗（260頁）、〖先例20〗（69頁）参照）。

8 農業協同組合

(1) 農業協同組合の役員

（一） 理事・代表理事

農業協同組合（以下「組合」という。）は、役員として理事を5人以上および監事を2人以上置かなければならない（農協30①②）。

組合は、理事会（経営管理委員会設置組合にあっては、経営管理委員会）の決議により、理事の中から組合を代表する理事（以下「代表理事」という。）を定めなければならない（農協35の3①）。代表理事は、組合の業務に関する一切の裁判上または裁判外の行為をする権限を有する（農協35の3②）。

（二） 登記

組合の役員については、農業協同組合法の規定に基づき、「代表権を有する者の氏名、住所及び資格」を登記しなければならない（農協74②五）。代表理事を登記することになる。理事は登記されない。

(2) 利益相反取引

理事は、理事会（農業協同組合法30条の2第5項の組合（経営管理委員会を置く組合）にあっては、経営管理委員会）の承認を受けた場合に限り、組合と契約することができる。この場合には、自己契約および双方代理を規定する民法108条の規定は適用されない（農協35の2②一・③）。

農業協同組合法35条の2第2項は、「理事が自己又は第三者のために組合と取引をしようとするとき・・・には、理事会において・・・その承認を受けなければならない」と規定しているが、会社法356条1項2号の「取締役が自己又は第三者のために株式会社と取引」する場合と同様に解されている。また、組合が理事の債務を保証し、その他理事以外の者との間の取引も含むと解されている（農業協同組合法403頁・406頁）。

9 労働組合

(1) 法人である労働組合

本項で取り扱う労働組合とは、労働組合法11条1項の規定により登記をすることによって法人となったものをいう。労働組合法11条1項の規定による登記は労働組合法施行令で定められており、次の事項を掲げなければならない（労組令3）。

① 名称
② 主たる事務所の所在場所
③ 目的および事業
④ 代表者の氏名および住所
⑤ 解散事由を定めたときはその事由

(2) 労働組合の役員

法人である労働組合には、1人または数人の代表者を置かなけ

ればならない（労組12①）。代表者は、法人である労働組合のすべての事務について、法人である労働組合を代表する。ただし、規約の規定に反することはできず、また、総会の決議に従わなければならない（労組12の2）。なお、法人である労働組合の管理については、代表者の代表権に加えた制限は、善意の第三者に対抗することができない（労組12の3）。

(3) 利益相反行為

　法人である労働組合が代表者の債務を保証することその他代表者以外の者との間において法人である労働組合と代表者との利益が相反する事項については、代表者は、代表権を有しない。この場合においては、裁判所は、利害関係人の請求により、特別代理人を選任しなければならない（労組12の5）。

　この特別代理人の選任は、法人である労働組合の主たる事務所の所在地を管轄する地方裁判所の管轄に属する（労組13の11一）。

索 引

先　例　年　次　索　引

○本書では、太字（ゴシック体）の頁数に原文を紹介しています。

月日	発翰番号	〖番号〗頁	月日	発翰番号	〖番号〗頁
			11. 5	民甲2135	〖先例14〗50,**52**
明　治　38　年			11.12	民甲3585	22
5.29	民刑1153	90	12.18	民甲95	〖先例17〗**60**
大　正　10　年			**昭　和　25　年**		
6.22	民事26301	〖先例50〗259,260,265,272 277,283,288,289 293	4.27	民甲1021	55,**57**
			昭　和　28　年		
昭　和　21　年			4.25	民甲697	〖先例15〗55,**57**
7. 2	民甲394	〖先例48〗257	10. 1	民甲1333	〖先例36〗156,207,**212**
昭　和　22　年			**昭　和　29　年**		
6.23	民甲560	〖先例22〗69,71,113,**123**	7. 5	民甲1395	〖先例37〗156,207,**214**
			7. 6	民甲1394	〖先例41〗156,209,**216**
昭　和　23　年			12. 6	民甲2535	〖先例47〗246,251,**252**
4.20	民甲208	〖先例12〗**48**,50			
9.18	民甲3006	〖先例5〗〖先例13〗26,40,50,**52**	**昭　和　30　年**		
9.21	民甲2952	〖先例7〗27,**40**	6.18	民甲1264	〖先例8〗29,30,31,36 37,**55**

先例年次索引   299

月 日	発翰番号	〖番号〗頁
7.11	民甲1464	〖先例49〗258,259
9. 9	民甲1924	256

昭 和 31 年

| 12.14 | 民三1367 | 93,104 |

昭 和 32 年

| 4.13 | 民三379 | 〖先例20〗69,92,104,260 265,272,273,277 283,288,289,293 |

昭 和 33 年

4. 4	民甲714	〖先例24〗89
4. 4	民甲715	〖先例3〗15,18,63
6.13	民甲1223	〖先例4〗18,63
10.16	民甲2128	〖先例6〗26,40
12.25	民三1013	〖先例19〗65

昭 和 34 年

| 3.31 | 民甲669 | 155,158,209 |

月 日	発翰番号	〖番号〗頁
4.21	民甲772	〖先例30〗152,153
5. 4	民三72	〖先例23〗73,74,75,77 93,104,114,124 260,273,289
11.30	民甲2738	〖先例10〗33,36

昭 和 35 年

8. 4	民甲1929	〖先例38〗208,214
10.27	民甲2659	〖先例16〗55,58,59
12.23	民甲3239	55

昭 和 36 年

1.14	民甲20	〖先例21〗70,71,113
3.24	民甲728	〖先例9〗29,30,31,37 41
5.10	民甲1042	〖先例2〗〖先例18〗16,17,33,51 63,64
10. 4	民甲2318	〖先例52〗271

昭 和 37 年

| 3.13 | 民甲646 | 224 |

月 日	発翰番号	〚番号〛頁
6.27	民甲1657	〚先例26〛135,137,191
10. 9	民甲2819	〚先例1〛15,16,18,33,63

昭 和 38 年

月 日	発翰番号	〚番号〛頁
11. 5	民甲3062	〚先例40〛208,216

昭 和 39 年

月 日	発翰番号	〚番号〛頁
3. 3	民甲291	〚先例46〛232
4. 6	民甲1287	〚先例34〛174,176,184,197,203,266,277
5.26	民甲1904	〚先例51〛260,261

昭 和 41 年

月 日	発翰番号	〚番号〛頁
6. 8	民三397	〚先例43〛209,217,219
8.10	民甲1877	〚先例42〛155,157,209,217

昭 和 43 年

月 日	発翰番号	〚番号〛頁
4. 5	民三436	〚先例44〛221,222

昭 和 45 年

月 日	発翰番号	〚番号〛頁
3. 2	民甲876	〚先例29〛147,148,149
8.27	民三454	〚先例33〛174,176,184,190,197,203,247

昭 和 46 年

月 日	発翰番号	〚番号〛頁
9. 8	民甲2942	〚先例11〛34,56

昭 和 52 年

月 日	発翰番号	〚番号〛頁
3.16	民三1620	〚先例39〛208,210,215
11.14	民三5691	〚先例27〛136,137,138

昭 和 55 年

月 日	発翰番号	〚番号〛頁
11.22	民三6720	〚先例35〛190,191

昭 和 60 年

月 日	発翰番号	〚番号〛頁
3.15	民四1603	〚先例28〛146,147,245

先例年次索引

月 日	発翰番号	〖番号〗頁

昭 和 61 年

9.10	民四6912	〖先例45〗 225, 228

昭 和 63 年

9.17	民二5165	20

平 成 3 年

8.19	民三4436	266, 277

平 成 5 年

9.17	民三6192	204

平 成 14 年

12.18	民商3045	〖先例32〗 169, 171, 187

平 成 17 年

3. 3	民商496	269, 270

平 成 18 年

3.29	民二755	〖先例31〗 166, 167, 181, 184 185, 195, 199, 200 202, 203, 232, 246 248, 249, 250

平 成 21 年

9.10	民一2139	〖先例25〗 119, 120

平 成 24 年

2. 3	民商298	288

平 成 27 年

10.23	民二512	174, 190, 247, 266 277

判例年次索引

○本書では、太字（ゴシック体）の頁数に原文を紹介しています。

月 日	裁判所名	出 典	【番号】頁

明治 40 年

| 10.30 | 大審院 | 民録13.1036 | 66 |

明治 44 年

| 7.10 | 大審院 | 民録17.468 | 【判例18】19,58, 59 |

大正 3 年

| 9.28 | 大審院 | 民録20.690 | 65 |
| 10.14 | 東京地裁 | | 45 |

大正 4 年

| 10.21 | 大審院 | 民録21.1670 | 【判例21】129,130 |

大正 6 年

| 2.2 | 大審院 | 民録23.186 | 66,226 |

大正 8 年

| 4.21 | 大審院 | 民録25.624 | 231 |

大正 9 年

| 1.21 | 大審院 | 民録26.9 | 53 |

大正 10 年

| 8.10 | 大審院 | 民録27.1476 | 66 |

大正 13 年

| 6.7 | 大審院 | 新聞2288.18 | 61 |

大正 14 年

| 7.1 | 東京控訴院 | 新聞2444.13 | 65 |

大正 15 年

| 10.12 | 大審院 | 新聞2631.15 | 51 |

昭和 3 年

| 2.15 | 大審院 | 新聞2819.5 | 251 |

昭和 5 年

| 7.18 | 大阪地裁 | 新聞3164.9 | 130 |
| 11.12 | 大審院 | 新聞3208.9 | 【判例8】40 |

昭和 6 年

| 3.9 | 大審院 | 民集10.108 | 66 |
| 11.24 | 大審院 | 民集10.1103 | 【判例1】10,53 |

判例年次索引

月 日	裁判所名	出 典	【番号】頁

昭 和 8 年

| 1.28 | 大 審 院 | 法学2.1120 | 12,61 |

昭 和 9 年

6.15	大 審 院	民集13.1473	【判例31】246
11.27	大 審 院	法学4.497	66
12.21	大 審 院	新聞3800.8	61

昭 和 10 年

| 11.14 | 大 審 院 | 新聞3922.8 | 【判例9】42 |

昭 和 11 年

| 8. 7 | 大 審 院 | 民集15.1630 | 65 |

昭 和 12 年

| 10.18 | 大 審 院 | 法学7.130 | 53 |

昭 和 13 年

| 3. 5 | 大 審 院 | 判決全集5.6.21 | 54 |
| 9.28 | 大 審 院 | 民集17.1895 | 204 |

昭 和 24 年

| 7.26 | 最 高 裁 | 民集3.8.283 | 244 |

昭 和 28 年

| 6.19 | 大阪地裁 | 下民集4.6.886 | 【判例26】152 |

昭 和 30 年

| 10.12 | 福岡高裁 | 判時66.20 | 227 |

昭 和 31 年

| 3. 5 | 東京高裁 | 高民9.2.76 | 【判例22】130 |
| 3. 5 | 新潟地裁高田支部 | 下民集7.3.505 | 54 |

昭 和 33 年

| 6.17 | 東京高裁 | 判夕83.43 | 【判例5】26,28,54 |

昭 和 35 年

| 2.25 | 最 高 裁 | 民集14.2.279 | 28,54 |
| 7.15 | 最 高 裁 | 家月12.10.88 | 64 |

昭 和 37 年

2. 6	最 高 裁	家月14.5.131	【判例10】42
2.27	最 高 裁	集民58.1023	【判例2】13
10. 2	最 高 裁	民集16.10.2059	13,61,62

昭 和 38 年

| 12. 6 | 最 高 裁 | 民集17.12.1664 | 【判例23】131,132,206 |

月 日	裁判所名	出　典	【番号】頁

昭和 39 年

| 3.24 | 最　高　裁 | 集民72.619 | 251 |
| 8.28 | 最　高　裁 | 民集18.7.1366 | 291 |

昭和 41 年

| 8.26 | 最　高　裁 | 民集20.6.1289 | 146 |

昭和 42 年

| 4.18 | 最　高　裁 | 民集21.3.671 | 【判例3】
14 |

昭和 43 年

| 5.24 | 大阪高裁 | 判タ222.172 | 【判例12】
42, 44 |
| 12.25 | 最　高　裁 | 民集22.13.3511 | 【判例29】
229 |

昭和 44 年

| 11.18 | 最　高　裁 | 家月22.5.54 | 【判例13】
46 |

昭和 45 年

5.22	最　高　裁	判タ249.151	【判例19】 88, 92 103
8.20	最　高　裁	民集24.9.1305	【判例28】 161, 163
11.24	最　高　裁	家月23.5.71	62
12.18	最　高　裁	集民101.783	63

月 日	裁判所名	出　典	【番号】頁

昭和 46 年

| 4.20 | 最　高　裁 | 集民102.519 | 14 |
| 10.13 | 最　高　裁 | 民集25.7.900 | 229 |

昭和 47 年

| 4. 4 | 最　高　裁 | 民集26.3.373 | 229 |

昭和 48 年

| 4.24 | 最　高　裁 | 集民109.183 | 【判例7】
【判例14】
37, 40
46, 47 |
| 12.11 | 最　高　裁 | 民集27.11.1529 | 【判例30】
207, 229
230 |

昭和 49 年

| 7.22 | 最　高　裁 | 家月27.2.69 | 【判例6】
【判例15】
29, 30
36, 37
39, 41
46, 47 |
| 9.26 | 最　高　裁 | 民集28.6.1306 | 【判例27】
160, 162 |

昭和 50 年

| 12.25 | 最　高　裁 | 集民116.845 | 206 |

昭和 51 年

| 12.16 | 東京高裁 | 判時847.90 | 160 |

判例年次索引

月 日	裁判所名	出 典	【番号】頁

昭 和 52 年

| 3.31 | 最 高 裁 | 集民120.397 | 63 |
| 11. 8 | 最 高 裁 | 民集31.6.847 | 67, 226 |

昭 和 53 年

| 2.24 | 最 高 裁 | 民集32.1.98 | 【判例17】【判例20】20, 55 58, 91 |
| 9.14 | 大阪高裁 | 判タ371.89 | 255 |

昭 和 54 年

| 9.25 | 東京高裁 | 判タ401.152 | 160 |

昭 和 57 年

| 11.18 | 最 高 裁 | 民集36.11.2274 | 【判例11】42, 43 68 |
| 11.26 | 最 高 裁 | 民集36.11.2296 | 【判例4】【判例16】22, 48 49, 67 92, 103 |

昭 和 62 年

| 8.27 | 京都地裁 | 判タ662.209 | 160 |

平 成 2 年

| 7.18 | 大阪高裁 | 判タ734.218 | 【判例24】133, 134 |

平 成 3 年

| 7.17 | 東京高裁 | 商事法務資料版102.149 | 151 |

平 成 4 年

| 9.10 | 最 高 裁 | 商事法務別冊230.145 | 151 |
| 12.10 | 最 高 裁 | 民集46.9.2727 | 11 |

平 成 8 年

| 2. 8 | 東京高裁 | 商事法務資料版151.142 | 【判例25】151 |

平 成 9 年

| 7.25 | 仙台高裁 | 判タ964.256 | 131 |

著者略歴

青山　修（あおやま　おさむ）
　司法書士・土地家屋調査士（名古屋市で事務所開設）
　昭和23年生まれ　　日本土地法学会中部支部会員
　名古屋大学大学院修士課程（法学研究科）修了
　元東海学園大学人文学部非常勤講師

主な著書・論文

　「会社計算書面と商業登記」、「第三者の許可・同意・承諾と登記実務」、「用益権の登記実務」、「仮登記の実務」、「不動産取引の相手方」、「民法の考え方と不動産登記の実務」（共著）、「相続登記申請MEMO」、「不動産登記申請MEMO―権利登記編―」、「不動産登記申請MEMO―建物表示登記編―」、「不動産登記申請MEMO―土地表示登記編―」、「商業登記申請MEMO」、「商業登記申請MEMO―持分会社編―」、「図解　株式会社法と登記の手続」、「図解　有限会社法と登記の手続」、「合資・合名会社の法律と登記」、「共有に関する登記の実務」、「図解　相続人・相続分確定の実務」、「建物の新築・増築・合体と所有権の帰属」、「不動産担保利用マニュアル」、「最新　不動産登記と税務」（共著）、「根抵当権の法律と登記」（以上、新日本法規出版）、「会社を強くする増資・減資の正しいやり方」（かんき出版）、「株式会社・有限会社登記用議事録作成の手引き」（税務経理協会）など

〔補訂版〕
利益相反行為の登記実務

平成23年3月25日　初　版　発　行
平成29年5月18日　補訂初　版発行
平成29年8月18日　　第二版発行

著者　青　山　　修

発行者　新日本法規出版株式会社
代表者　服　部　昭　三

発行所	新日本法規出版株式会社
本　社 総轄本部	（460-8455）名古屋市中区栄1－23－20 電話　代表　052(211)1525
東京本社	（162-8407）東京都新宿区市谷砂土原町2－6 電話　代表　03(3269)2220
支　社	札幌・仙台・東京・関東・名古屋・大阪・広島 高松・福岡
ホームページ	http://www.sn-hoki.co.jp/

※本書の無断転載・複製は、著作権法上の例外を除き禁じられています。＊
※落丁・乱丁本はお取替えします。　　　　　ISBN978-4-7882-8287-2
50973　補訂利益相反登記　　　　　　　ⓒ青山修 2017 Printed in Japan